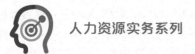

人力资源实务系列

目标设定与绩效考核实务手册

Goal Setting and Performance Evaluation Practice Manual

弗布克管理咨询中心 —— 编著

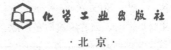

·北京·

《目标设定与绩效考核实务手册》是一本关于目标设定与绩效考核的工作指导用书，《目标设定与绩效考核实务手册》以"设计指南＋设计模板"的形式阐述了如何开展绩效管理工作，并对绩效目标管理和绩效考核管理两大内容体系进行了说明，同时从公司、部门、岗位三大层面，提供了采购、市场、销售、财务、行政、研发、生产技术、工程项目、物流配送、软件开发、电子商务、人力资源12大类人员绩效管理的参考范例，供读者参考。

　　《目标设定与绩效考核实务手册》适合企业经营管理者、人力资源管理人员、绩效考核人员、咨询师、培训师及高校相关专业师生阅读、使用。

图书在版编目（CIP）数据

目标设定与绩效考核实务手册/弗布克管理咨询中心编著．—北京：化学工业出版社，2017.12（2024.6重印）
（人力资源实务系列）
ISBN 978-7-122-30913-6

Ⅰ.①目… Ⅱ.①弗… Ⅲ.①企业管理-人力资源管理-手册 Ⅳ.①F272.92-62

中国版本图书馆CIP数据核字（2017）第266825号

责任编辑：王淑燕	装帧设计：史利平
责任校对：王素芹	

出版发行：化学工业出版社（北京市东城区青年湖南街13号　邮政编码100011）
印　　装：涿州市般润文化传播有限公司
710mm×1000mm　1/16　印张14¾　字数273千字　2024年6月北京第1版第4次印刷

购书咨询：010-64518888　　　　　　　　　售后服务：010-64518899
网　　址：http://www.cip.com.cn

凡购买本书，如有缺损质量问题，本社销售中心负责调换。

定　价：49.80元　　　　　　　　　　　　　　　　　　版权所有　违者必究

前言 PREFACE

如何将绩效考核落到实处？ 如何通过绩效考核管理，激励员工的潜力，进而完成企业的发展目标，这是企业人力资源管理所面临的核心问题。

为了有效地推行绩效管理，本书从绩效管理的业务事项入手，重点阐述企业管理人员关心的问题。 概括起来，主要包括以下八项内容。

如何设计绩效目标？

如何进行绩效目标分解？

如何设计绩效考核指标？

如何设计绩效考核制度？

如何开展绩效考核工作？

如何实施绩效目标改进？

如何开展绩效反馈面谈？

如何对考核结果进行应用？

《目标设定与绩效考核实务手册》详细论证解决了上述问题。 本书从企业绩效管理的实际需求出发，围绕"绩效目标+ 绩效考核"两大内容体系，并采用"设计指南+ 设计模板"的形式，将绩效管理设计工作细化到部门、岗位和每一类人员，为企业管理人员提供了设计绩效管理工作的专业知识，也提供了可直接使用的配套范例，方便读者"拿来即用"或"稍改即用"，是企业 HR 和各级管理者绩效管理工作的实用手册。

本书主要有以下三大特点。

1. 紧紧围绕两大内容体系

本书紧紧围绕"绩效目标+ 绩效考核"这两个大内容体系对绩效管理的八项主要业务进行了深入的阐述。

在绩效目标管理体系中，以"绩效目标为核心"，从绩效目标设定、绩效目标分解两个方面对这一内容进行了清晰的讲解。

在绩效考核管理体系中，以"绩效考核为中心"，从绩效考核指标设计、绩效管理流程制度设计、绩效考核工作实施、绩效目标改进设计、绩效考核结果面谈和绩效考核结果应用六个方面进行了详细的说明。

2. 全面涵盖三大管理层面

个人绩效管理决定了部门绩效的好坏,而部门绩效管理情况又直接影响公司整体绩效管理结果,三者互为因果,相互关联。因此本书从公司、部门、岗位三大层面对绩效目标、绩效考核量表、绩效考核制度等内容进行设计,覆盖企业的各个层面。

3. 详细阐述八大关键事项

本着系统、实用的原则,本书详细阐述了上述八大关键事项,并针对每一事项以"设计指南+设计模板"的形式描述如何开展绩效管理工作,其中:设计指南提供了设计方面的实战知识,教大家如何设计绩效目标或绩效考核量表以及如何开展绩效考核工作等;设计模板为大家提供操作中可以使用的实用范例,方便读者拿来即用,也便于随时查阅和参照。

在本书编写的过程中,孙立宏、孙宗坤、刘井学、程富建、刘瑞江、董连香、李相兰负责资料的收集和整理,贾月、周海静负责图表编排,刘伟、王淑敏参与编写了本书的第 1 章,程淑丽、苏维军参与编写了本书的第 2 章,李艳、孙宗虎参与编写了本书的第 3 章,班克武、王鹤鹏参与编写了本书的第 4 章,王瑞永、李亚慧参与编写了本书的第 5 章,周鸿、洪冬星参与编写了本书的第 6 章,李作学、齐艳霞参与编写了本书的第 7 章,韩燕、刘俊敏参与编写了本书的第 8 章,高春燕、高玉卓参与编写了本书的第 9 章,全书由弗布克管理咨询中心统撰定稿。

编著者
2017 年 12 月

目录 CONTENTS

第1章 目标与绩效管理体系设计 ... 001

1.1 目标管理体系设计 ... 002
- 1.1.1 目标体系制订流程 ... 002
- 1.1.2 绘制目标体系图 ... 003

1.2 目标分解体系设计 ... 004
- 1.2.1 公司目标分解体系设计与分解图 ... 004
- 1.2.2 部门目标分解体系设计与分解图 ... 006
- 1.2.3 岗位目标分解体系设计与分解图 ... 006

1.3 绩效管理体系设计 ... 008
- 1.3.1 企业绩效管理体系图设计 ... 008
- 1.3.2 岗位绩效管理体系图设计 ... 013

1.4 考核应用体系设计 ... 013
- 1.4.1 绩效薪酬体系设计图 ... 013
- 1.4.2 绩效晋升体系设计图 ... 014
- 1.4.3 绩效职业规划体系图 ... 016
- 1.4.4 绩效改进提升设计图 ... 017

第2章 绩效目标设计 ... 019

2.1 绩效目标设计的技巧 ... 020
- 2.1.1 企业战略绩效目标设计技巧 ... 020
- 2.1.2 企业业务绩效目标设计技巧 ... 021

2.2 定量与定性目标设计 ... 022
- 2.2.1 绩效量化目标设计 ... 023
- 2.2.2 绩效定性目标设计 ... 025

第3章 绩效目标分解 ... 027

3.1 企业绩效目标分解 ... 028

3.1.1　绩效目标分解方法 ………………………………… 028
　　　3.1.2　公司绩效目标总分解表 …………………………… 030
　3.2　部门绩效目标分解 ……………………………………… 031
　　　3.2.1　采购部目标分解 …………………………………… 031
　　　3.2.2　市场部绩效目标分解 ……………………………… 032
　　　3.2.3　销售部绩效目标分解 ……………………………… 033
　　　3.2.4　财务部目标分解 …………………………………… 034
　　　3.2.5　行政部目标分解 …………………………………… 035
　　　3.2.6　生产技术部目标分解 ……………………………… 036
　　　3.2.7　工程项目部目标分解 ……………………………… 037
　　　3.2.8　物流配送部绩效目标分解 ………………………… 037
　　　3.2.9　软件开发部绩效目标分解 ………………………… 038
　　　3.2.10　电子商务部绩效目标分解 ……………………… 039
　　　3.2.11　人力资源部目标分解 …………………………… 040
　3.3　岗位绩效目标分解 ……………………………………… 041
　　　3.3.1　市场岗位绩效目标分解 …………………………… 041
　　　3.3.2　销售岗位绩效目标分解 …………………………… 041
　　　3.3.3　生产岗位绩效目标分解 …………………………… 042
　　　3.3.4　电商岗位绩效目标分解 …………………………… 043
　　　3.3.5　财务岗位绩效目标分解 …………………………… 044
　　　3.3.6　工程项目岗位绩效目标分解 ……………………… 044
　　　3.3.7　物流配送岗位绩效目标分解 ……………………… 045
　　　3.3.8　人力资源岗位绩效目标分解 ……………………… 046

第4章　考核指标体系设计　　　　　　　　　　　048

　4.1　考核指标及权重设计 …………………………………… 049
　　　4.1.1　绩效考核指标设计 ………………………………… 049
　　　4.1.2　绩效指标权重设计 ………………………………… 051
　4.2　部门考核指标设计 ……………………………………… 053
　　　4.2.1　采购部考核指标设计 ……………………………… 053
　　　4.2.2　生产部考核指标设计 ……………………………… 054
　　　4.2.3　技术部考核指标设计 ……………………………… 055
　　　4.2.4　研发部考核指标设计 ……………………………… 055
　　　4.2.5　市场部考核指标设计 ……………………………… 056
　　　4.2.6　销售部考核指标设计 ……………………………… 057

        4.2.7　项目部考核指标设计 …………………………………… 058
        4.2.8　财务部考核指标设计 …………………………………… 059
        4.2.9　行政部考核指标设计 …………………………………… 059
        4.2.10　电子商务部考核指标设计 ……………………………… 060
        4.2.11　物流配送部考核指标设计 ……………………………… 061
        4.2.12　软件开发部考核指标设计 ……………………………… 062
        4.2.13　人力资源部考核指标设计 ……………………………… 063
    4.3　人员考核指标设计 ……………………………………………… 064
        4.3.1　采购员考核指标设计 …………………………………… 064
        4.3.2　班组长考核指标设计 …………………………………… 065
        4.3.3　技术员考核指标设计 …………………………………… 065
        4.3.4　施工员考核指标设计 …………………………………… 066
        4.3.5　材料员考核指标设计 …………………………………… 066
        4.3.6　网店客服考核指标设计 ………………………………… 066

第5章　绩效管理流程制度设计　067

    5.1　绩效管理流程设计 ……………………………………………… 068
        5.1.1　绩效计划管理流程设计 ………………………………… 068
        5.1.2　绩效评估管理流程设计 ………………………………… 069
        5.1.3　绩效改进管理流程设计 ………………………………… 070
    5.2　绩效管理制度设计 ……………………………………………… 071
        5.2.1　绩效制度种类设计 ……………………………………… 071
        5.2.2　绩效制度编制方法 ……………………………………… 072
        5.2.3　绩效制度框架设计 ……………………………………… 072
        5.2.4　绩效制度设计步骤 ……………………………………… 073
        5.2.5　绩效管理制度推行 ……………………………………… 073
        5.2.6　绩效制度调整设计 ……………………………………… 076
    5.3　绩效管理制度设计 ……………………………………………… 077
        5.3.1　公司绩效管理制度 ……………………………………… 077
        5.3.2　项目部绩效考核细则 …………………………………… 080
        5.3.3　电商部绩效考核细则 …………………………………… 081
        5.3.4　软件开发部绩效考核细则 ……………………………… 082
        5.3.5　物流配送部绩效考核细则 ……………………………… 084
        5.3.6　导购人员考核实施办法 ………………………………… 085
        5.3.7　生产人员考核实施办法 ………………………………… 087

5.3.8　出纳人员绩效考核制度 …………………… 088
5.3.9　行政秘书绩效考核办法 …………………… 090
5.3.10　招聘专员绩效考核办法 ………………… 091
5.3.11　内部培训讲师考核办法 ………………… 093
5.3.12　销售人员绩效奖惩制度 ………………… 095
5.3.13　采购成本控制考核办法 ………………… 097
5.3.14　产品质量检验考核制度 ………………… 099
5.3.15　研发项目管理考核制度 ………………… 100
5.3.16　促销活动考核实施办法 ………………… 102

第6章　绩效考核实施设计　　104

6.1　绩效考核方法 …………………………………… 105
6.1.1　目标管理考核法 ……………………………… 105
6.1.2　360度考核法 ………………………………… 108
6.1.3　KPI考核法 …………………………………… 112
6.1.4　平衡计分卡考核 ……………………………… 115
6.1.5　OKR绩效考核 ………………………………… 117

6.2　绩效考核表的设计 ……………………………… 118
6.2.1　绩效考核表设计要点 ………………………… 118
6.2.2　公司高管绩效考核量表设计 ………………… 123
6.2.3　公司部门绩效考核量表设计 ………………… 124
6.2.4　公司员工绩效考核量表设计 ………………… 125

6.3　绩效考核工作实施设计 ………………………… 127
6.3.1　考核工作实施细则设计 ……………………… 128
6.3.2　绩效考核工作实施细则 ……………………… 130

6.4　绩效目标考核办法 ……………………………… 133
6.4.1　生产经理目标责任考核办法 ………………… 133
6.4.2　研发经理目标责任考核办法 ………………… 134
6.4.3　市场经理目标责任考核办法 ………………… 136
6.4.4　财务经理目标责任考核办法 ………………… 138
6.4.5　行政部经理目标责任考核办法 ……………… 139
6.4.6　物流中心经理目标责任考核办法 …………… 140
6.4.7　工程项目部经理目标责任考核办法 ………… 141
6.4.8　软件项目部经理目标责任考核办法 ………… 143
6.4.9　销售人员绩效目标考核办法 ………………… 145

6.4.10 配送人员绩效目标考核办法 ……………………………… 147
6.4.11 工艺工程师绩效目标考核办法 …………………………… 150
6.4.12 软件开发人员绩效目标考核办法 ………………………… 151
6.4.13 项目施工人员绩效目标考核办法 ………………………… 153
6.4.14 电商客服绩效目标考核办法 ……………………………… 155
6.4.15 设备维修人员绩效目标考核办法 ………………………… 156
6.4.16 项目组人员绩效目标考核办法 …………………………… 158
6.4.17 生产车间绩效目标考核办法 ……………………………… 160
6.4.18 生产班组绩效目标考核办法 ……………………………… 162
6.4.19 车间调度员绩效目标考核办法 …………………………… 165
6.4.20 一线生产人员绩效目标考核办法 ………………………… 168
6.4.21 人力资源专员绩效目标考核办法 ………………………… 170

第7章 绩效目标改进设计　172

7.1 绩效目标改进体系 …………………………………………… 173
　7.1.1 绩效目标改进机会选择 …………………………………… 173
　7.1.2 绩效目标改进计划设计 …………………………………… 173
　7.1.3 绩效目标改进方法设计 …………………………………… 175
　7.1.4 绩效目标改进方案设计 …………………………………… 176
7.2 绩效目标改进流程 …………………………………………… 178
　7.2.1 绩效目标目标项改进流程 ………………………………… 178
　7.2.2 绩效目标目标值改进流程 ………………………………… 179
7.3 绩效目标改进实务 …………………………………………… 180
　7.3.1 公司绩效目标改进实务 …………………………………… 180
　7.3.2 部门绩效目标改进实务 …………………………………… 182
　7.3.3 员工绩效目标改进实务 …………………………………… 185

第8章 绩效考核结果面谈设计　187

8.1 绩效考核结果面谈设计 ……………………………………… 188
　8.1.1 绩效结果面谈准备设计 …………………………………… 188
　8.1.2 绩效结果面谈技巧设计 …………………………………… 189
　8.1.3 绩效结果面谈流程设计 …………………………………… 194
8.2 绩效结果面谈方案设计 ……………………………………… 195

8.2.1 公司年度绩效面谈方案 ·· 195
8.2.2 部门月度绩效面谈方案 ·· 199

第9章 绩效考核结果应用设计　203

9.1 绩效结果管理体系 ··· 204
　9.1.1 绩效结果统计分析 ·· 204
　9.1.2 绩效结果改善分析 ·· 207
9.2 绩效结果应用体系 ··· 211
　9.2.1 绩效结果与工资薪酬设计 ··· 211
　9.2.2 绩效结果与培训开发设计 ··· 214
　9.2.3 绩效结果与人事调整设计 ··· 216
　9.2.4 绩效结果与奖金福利设计 ··· 217
　9.2.5 绩效结果与职业规划设计 ··· 223

第 1 章

目标与绩效管理体系设计

1.1 目标管理体系设计

目标管理（Management By Objectives，MBO）是企业为了实现自身的任务与目的，根据企业所处的环境，从全局出发，在一定时期内，为企业组织各层面从上至下制订切实可行的目标，并且企业各层级人员必须在规定时间内完成的一种管理方法。

目标管理主要分为五个环节：确定目标、目标分解、目标实施、目标考核和目标反馈，目标管理流程如图 1-1 所示。

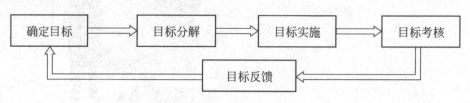

图1-1　目标管理流程图

表 1-1 对图 1-1 中的五个步骤进行了简要的说明。

表1-1　目标管理实施说明

步骤	内容说明
确定目标	确定目标包括制订企业的总目标、部门目标和岗位目标，同时要制订完成目标的标准，以及达到目标的方法和完成这些目标所需要的条件等多方面的内容
目标分解	在各部门、各岗位目标确定之后，就可建立企业的目标体系。建立企业的目标体系是为了通过目标体系把各个部门的目标信息显示出来，就像看地图一样，任何人一看目标体系图就知道工作目标是什么，遇到问题时需要哪个部门来支持
目标实施	要经常检查和控制目标的执行情况和完成情况，看看在实施过程中有没有出现偏差
目标考核	对目标按照制订的标准进行考核，目标完成的结果可以与员工的升迁和薪酬等挂钩
目标反馈	在进行目标实施控制的过程中，会出现一些不可预测的问题。因此在实行考核时，要根据实际情况对目标进行调整和反馈

为了有效地推行目标管理，企业必须建立完善的目标体系，这样才能加强企业各部门的联系，发挥企业最大的效能。

1.1.1 目标体系制订流程

制订出的企业的目标体系包括企业的总目标、部门目标和岗位目标。目标体系制订的具体流程如图 1-2 所示。

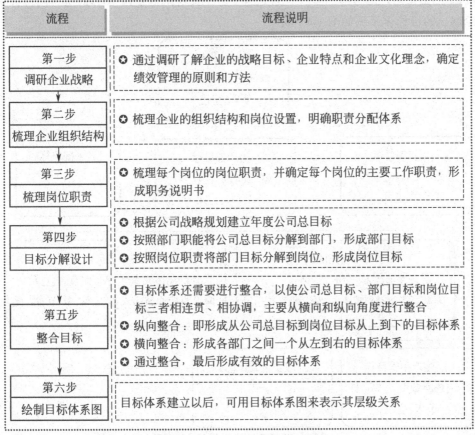

图1-2 目标体系制订的具体流程

1.1.2 绘制目标体系图

目标体系图是目标管理的重要工具，它把总目标同下级各部门目标和岗位目标的关系用组织图的形式表现出来，具体的目标体系图如图 1-3 所示。

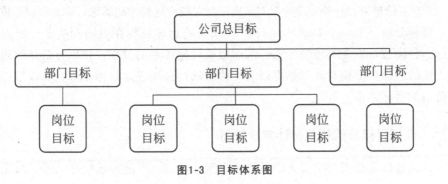

图1-3 目标体系图

如某企业根据其经营战略目标，制订出年度整体经营管理目标，其中一项是降低费用10%，即节省_____万元的支出。针对降低费用10%的这一项目标，绘制出的目标体系图如图1-4所示。

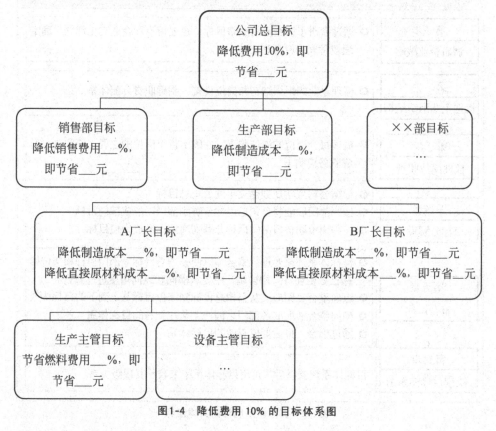

图1-4 降低费用10%的目标体系图

1.2 目标分解体系设计

当企业确定了经营目标后，必须对其进行有效的分解，转变成部门及个人的目标，管理者依据分目标的完成情况对下属进行考核，这样才能确保目标的顺利完成。

目标分解（Target Decomposition）就是将总体目标在纵向和横向分解到各部门、各岗位，以至具体到个人，从而形成目标体系的过程。目标分解是明确目标责任的前提，是使总体目标得以实现的基础，公司通过目标分解，可以形成整个公司的目标体系。

1.2.1 公司目标分解体系设计与分解图

公司目标是指引公司航向的灯塔，是激励员工不断前行的精神动力，最主要还是公司发展的终极方向。为了确保公司最终目标能够完成，公司需要对目标进行分解。

由于公司目标分解不仅仅关系着高层管理者，也关系着公司组织结构中每一个职能部门、每一条产品线，所以公司在进行目标分解时，需要考虑这些因素。不仅如此，在进行公司目标分解时还需要考虑分解周期，目标是否为经济性目标，是否需要考虑地理范围等情况。综合上述考虑因素，本书提供公司目标分解体系设计图，如图1-5所示，仅供参考。

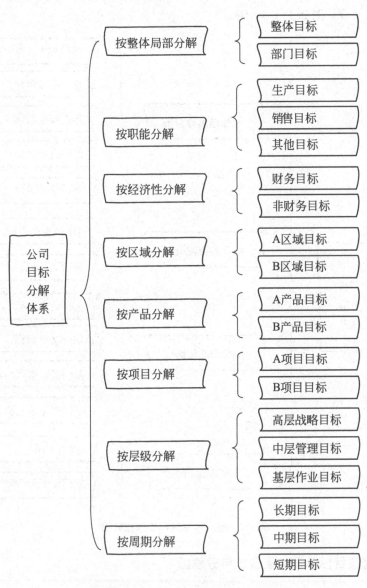

图1-5 公司目标分解体系设计图

1.2.2 部门目标分解体系设计与分解图

公司进行部门目标分解，首先需要确定各部门的总目标，确定部门总目标首先必须明确公司总的战略目标和业务重点，在此基础上，从组织最高层向各个部门分解，如此得到各部门的总目标。在各部门总目标确定之后，然后再进行部门目标分解，部门目标分解可按照部门的管理事项和主要业务流程，或者可依照平衡积分卡的维度进行分解，同时需要将目标分解到具体的岗位上。具体的部门目标分解体系设计图如图 1-6 所示。

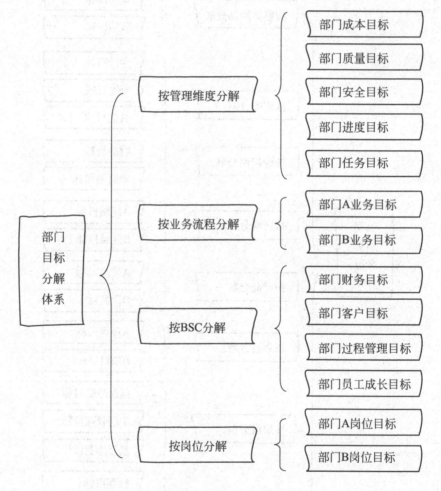

图1-6 部门目标分解体系设计图

1.2.3 岗位目标分解体系设计与分解图

岗位目标分解是指对部门内部的岗位进行层级划分，一般可以分为高、中、低三种岗位类型，即经理级、主管级、专员级，并针对不同层次岗位按照工作职责和专业事项确定需要完成的目标。具体的岗位目标分解体系图如图 1-7 所示。

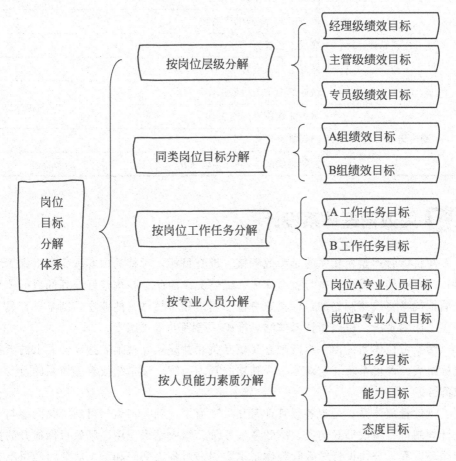

图1-7 岗位目标分解体系图

下面是一则示例，具体内容见表 1-2。

表1-2 按岗位工作任务分解示例

岗 位	绩效目标分解
技术部经理	能耗降低率达____%
	力争拥有____项专利技术
	技术信息无外泄现象
	年度内培养出____名骨干技术员工

续表

岗　位	绩效目标分解
工艺部经理	完成生产工艺设计任务
	改进工艺,降低生产消耗
	完成工艺试验
	做好工艺安全管理
	做好部门员工培训工作
物流运输主管	组织完成货物运输工作
	确保货物运输安全
	控制运输成本,降低运输费用

1.3 绩效管理体系设计

与目标管理紧密相关的是绩效考核。没有目标,考核的内容就会变得虚无缥缈;没有考核,目标的执行就会变成一纸空文。因此,在构建好合理的目标体系之后,就需要按照制定的目标实施考核。而绩效考核体系的建立,则是进行员工考核工作的基础,也是保证考核结果准确、合理的重要因素。

绩效考核体系是由一组既独立又相互关联并能较完整地表达评价要求的考核指标组成的评价系统。它既是一个独立的管理系统,又是绩效管理体系的重要组成部分。

绩效管理体系,是指各级管理者和员工为了达到公司组织目标,共同参与绩效计划制订、绩效辅导沟通、绩效考核评价、绩效结果应用、绩效目标提升的持续循环过程。公司设计绩效管理体系主要用来对各级部门和员工对公司的贡献或价值进行考核和评价,以完成公司的总体目标。

1.3.1 企业绩效管理体系图设计

绩效管理必须建立以战略为导向的绩效管理体系,将企业战略转化成相应的绩效考核指标,再依此进行绩效考核和改进。绩效管理过程包括绩效计划、绩效实施与管理、绩效评估、绩效面谈与反馈四个环节,其绩效管理体系如图1-8所示。

（1）制订绩效计划

绩效计划是整个绩效管理过程的起点,是在绩效管理期间开始时由管理者和被管理者共同制订的绩效契约,是对在本绩效管理期间结束时员工所要达到的期望结果的共识。其主要内容至少包括以下两个方面的内容。

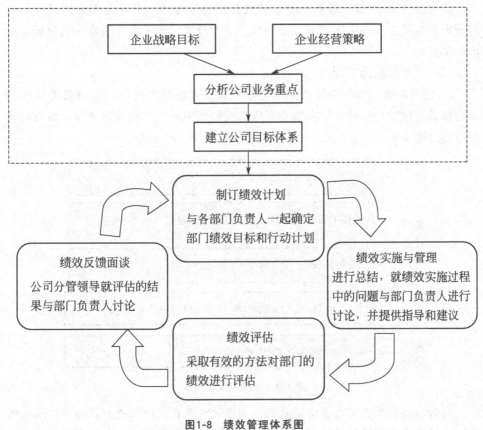

图1-8 绩效管理体系图

① 绩效计划目标及衡量标准。即员工在本次绩效期间内所要达到的工作目标,包括要达到什么结果、各项工作目标的权重以及怎样做才能更好地实现目标,以及这些结果从哪方面去衡量,评判的标准是什么。绩效计划目标范例如表1-3所示。

表1-3 某企业生产部经理季度绩效目标计划表

姓名		职务		绩效时间	
工作目标		权重	行动实施计划		评估信息来源
产品产量达到×××		30%	・制订科学的生产计划并引进部分先进生产设备 ・进行目标成本管理 ・员工技能培训		生产部
产品质量合格率达到××%		30%			
百万元产值生产成本控制在××万元以内		25%			财务部
人均产值提升率在××%以上		15%	定期或不定期地对员工进行生产技能培训		生产部和人力资源部

② 确定目标计划的结果。制订绩效计划的过程是一个双向沟通的过程，通过管理者与员工双方沟通，双方之间建立了有效的工作关系，明确完成目标计划的结果。

（2）绩效实施与管理

① 绩效沟通。绩效沟通贯穿于企业绩效管理的整个过程，是绩效考核者与被考核者就绩效目标的设定及实现而进行的持续不断的双向沟通过程，绩效沟通的内容见图1-9。

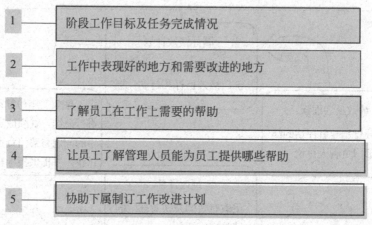

图1-9　绩效沟通的内容

绩效沟通的方式可以分为正式的沟通方式和非正式的沟通方式两种：正式的沟通方式是指在正式的情境下进行的事先经过计划和安排，按照一定规则进行的沟通；非正式沟通在时间、地点等的选择上，弹性较大，便于及时沟通，有利于问题马上得到解决，容易拉近主管与员工之间的距离。图1-10展示了两种沟通各自包含的内容。

② 员工信息的收集与分析。并非所有的信息都需要收集和分析，也并非收集的信息越多越好。考核人员主要是收集那些与员工绩效有关的信息。

信息收集的方法有多种，图1-11介绍了其中的3种方法，包括观察法、工作记录法、他人反馈法等。

③ 绩效目标执行过程中的跟踪检查。其主要工作内容包括：员工工作完成情况信息的收集，了解员工工作中所遇到的困难和障碍，为员工更好地完成工作提供必要的帮助与支持，提供员工所需的培训等。

（3）绩效评估

评估是绩效管理工作的重心，它不仅关系到绩效管理系统运行的质量和效果，也影响到员工的当前利益和长远利益。其具体的做法是将员工的实际工作表现与考评标准进行对照、比较，从而展开对员工的评估。

沟通方式		具体内容
正式的沟通方式	书面报告	员工通过文字或图表的形式向上级领导报告其工作进展，其主要的形式有：周报、月报、季报、年报等
	会议沟通	会议沟通可以满足团队交流的需要。参加会议的人员能掌握相互之间的工作进展情况，同时上级领导也可以传达企业战略目标等相关信息
	面谈沟通	以面谈的方式进行沟通可以使管理者和员工进行比较深入的探讨；可以讨论不易公开的观点；使员工有一种被尊重的感觉，有利于建立管理者和员工之间的融洽关系。但面谈的重点应放在员工具体的工作任务和标准上而不是其他
非正式的沟通方式	走动式管理	主管人员在员工工作期间不定时地到员工座位附近走动，与员工进行交流，或者解决员工提出的问题
	开放式办公	主管人员的办公室随时向外开放，在没有特殊要求情况下，员工可以随时进入主管人员的办公室与其共同讨论工作中的问题
	非正式会议	如企业举办的各种联欢会，主管与员工在较轻松的气氛中进行沟通

图1-10　绩效沟通的方式

观察法	观察法是指主管人员直接观察员工在工作中的表现，并对员工的表现进行记录的一种方法
工作记录法	通过工作记录的方式将员工的工作表现和工作结果记录下来
他人反馈法	管理人员通过他人对被考核员工工作情况的汇报、反映来了解员工的工作绩效情况

图1-11　信息收集的方法

（4）绩效面谈与反馈

绩效面谈是在绩效考评之后将结果反馈给被考评者的过程。绩效面谈是绩效管理的灵魂和核心，是整个绩效管理过程中耗时最长、最关键、最能产生效果的环节。通过绩效反馈沟通能够使下属了解主管对自己的期望，了解自己的绩效，认识自己有待改进的地方。

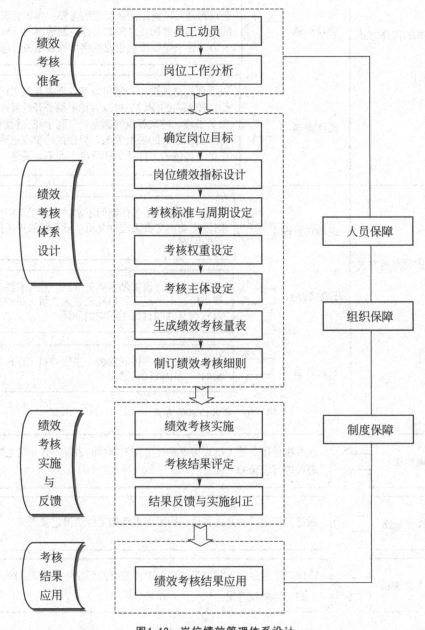

图1-12　岗位绩效管理体系设计

1.3.2 岗位绩效管理体系图设计

为了提高岗位员工的工作效率和工作积极性,企业需要建立以岗位为中心的绩效考核体系。

人力资源管理人员为了建立岗位绩效管理体系,首先需要进行岗位工作分析并撰写岗位说明书,然后根据岗位工作内容确定岗位目标,目标确定之后设计岗位绩效管理体系,最后依据这一体系进行绩效管理。具体的岗位绩效管理体系设计如图1-12所示。

1.4 考核应用体系设计

绩效考核作为有效的管理工具,最终要将其结果予以应用,即要与人力资源管理决策挂钩,这样才能发挥绩效考核的激励作用。

1.4.1 绩效薪酬体系设计图

绩效薪酬是一种按照员工个人、团队或企业业绩支付具有奖励性质的各种薪酬。绩效薪酬体系是将员工的收入与绩效水平挂钩的薪酬体系。

(1)绩效薪酬类型

绩效薪酬根据时间和对象的不同而有不同的薪酬类型。按时间维度,绩效薪酬分为长期绩效薪酬和短期绩效薪酬;按对象维度,绩效薪酬分为员工绩效薪酬和团队绩效薪酬。具体的薪酬类型如表1-4所示。

表1-4 绩效薪酬类型

激励对象 时间	员工绩效薪酬	团队绩效薪酬
短期绩效薪酬	绩效加薪	班组奖励计划
	一次性奖金	利润分享计划
	个人绩效奖金计划	收益分享计划
长期绩效薪酬	股票所有权计划	

(2)绩效薪酬体系

根据绩效薪酬的类型,下面的绩效薪酬体系图列出了几乎所有的绩效薪酬,绩效薪酬体系设计图如图1-13所示。

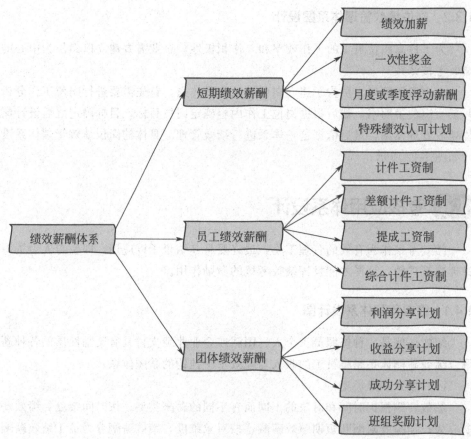

图1-13 绩效薪酬体系设计图

1.4.2 绩效晋升体系设计图

绩效晋升是指根据员工的绩效考核结果确定其晋升等级的管理工作。企业需要通过绩效考核和员工素质评估的结果来确定其是否能晋升到高一层级的职位。为了加强和规范公司员工绩效晋升管理,确保企业通过绩效晋升获得与岗位匹配的人才,同时引导员工通过努力提高工作绩效来获得职业生涯发展,企业需确立有效的绩效晋升体系。

(1) 绩效晋升时间

绩效晋升通常需要在员工绩效考核之后,根据考核结果进行定期或不定期晋升。具体的晋升时间如表1-5所示。

(2) 绩效晋升审批人员

每个级别的员工晋升,都需要经过上级领导的审批,各级员工的具体审批人员如表1-6所示。

表1-5 绩效晋升时间

晋升时间	具体说明
定期	公司每年根据各部门员工的绩效考核情况,在年底进行统一晋升
不定期	在日常考核中,对公司有特殊贡献、表现优异的员工,随时予以晋升
试用期员工	在试用期间,工作表现优秀者,由试用部门考核后推荐,提前进行晋升

表1-6 绩效晋升审批人员

晋升人员	审批人员说明
高层	总经理、副总经理及总经理助理由董事长核定
部门主管经理	部门主管经理由总经理以上级别人员提议并呈董事长核定
普通员工	普通员工的晋升分别由部门经理或主管提议,呈总经理核定,并通知人力资源部

(3) 绩效晋升类型

绩效晋升分为三个不同类型：岗位内晋升、部门内晋升和跨部门晋升。各类型的具体说明如表1-7所示。

表1-7 绩效晋升类型

晋升类型	具体说明
岗位内晋升	同一岗位内的晋升,指同一岗位不同等级的晋升
部门内晋升	员工在本部门内的岗位变动,由各部门经理根据部门实际情况,经考核后进行具体安排,并报人力资源部存档
跨部门晋升	职员在公司内部部门之间晋升,需经考核后,由拟调入部门填写《员工晋升表》,经所涉及部门的主管批准并报总经理或总经理授权人批准后,报人力资源部存档

(4) 绩效晋升通道

员工职业晋升通道包括纵向的职级晋升和横向的跨序列晋升通道。公司通过对晋升纵、横向的设计,丰富员工职业发展的通道,使员工获得更多的发展机会。

员工职业晋升序列包括管理、营销、技术、一线技工等系列。并且每个系列企业可根据本公司组织规模的大小设置3～5个等级的职位,每个职位还可设置1～3个职级。

(5) 绩效晋升体系

公司根据绩效考核结果在员工晋升上的应用,可设计出如图1-14所示的绩效晋升体系。

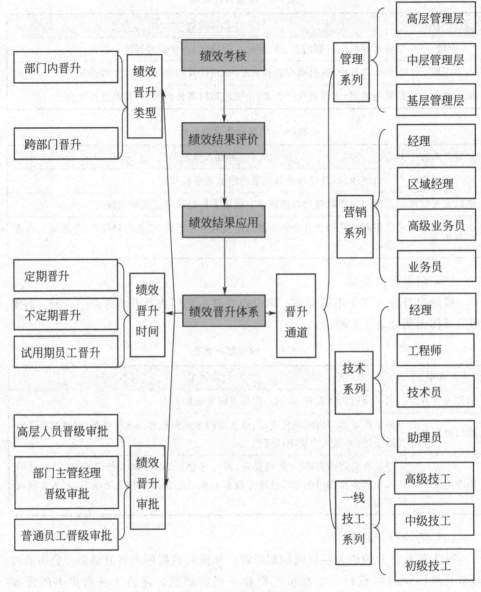

图1-14 绩效晋升体系图

1.4.3 绩效职业规划体系图

由于绩效考核的结果是员工职业生涯规划的依据，因此绩效职业规划是基于绩效考核的员工职业规划的管理，它是通过对员工进行绩效考核，结合员工的兴趣、爱好、能力、特点进行综合分析与权衡，然后根据考核结果对员工职业定位重新进行设定和规划，同时修订后的职业生涯规划可成为绩效考核的起点，两者形成一种不间断的循环过程。绩效职业规划体系就是职业规划的相关工作体系。具体的职业规划体系如图 1-15 所示。

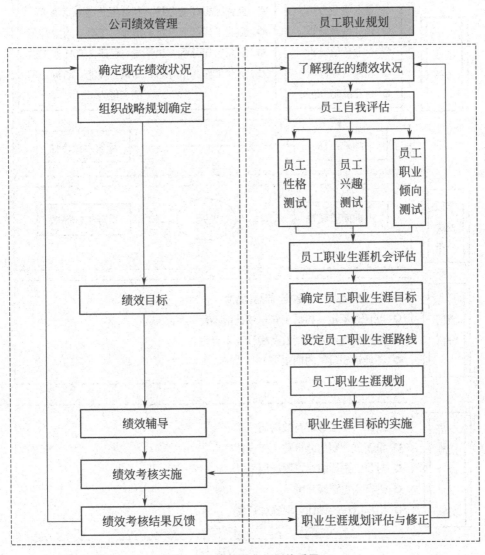

图1-15 绩效职业规划体系图

1.4.4 绩效改进提升设计图

对于绩效管理来说，绩效考核只是手段，针对绩效考核发现的问题和不足，要进行系统性的解决，才能提高工作绩效，而提高工作绩效才是最终目的。绩效改进提升过程主要包括绩效考核过程、绩效差距分析过程、改进措施设计和实施过程、重新评估过程，绩效改进提升设计图如图 1-16 所示。

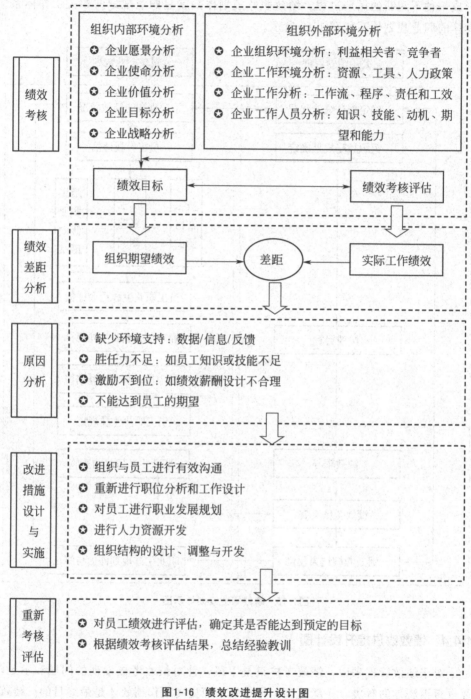

图1-16 绩效改进提升设计图

第2章

绩效目标设计

2.1 绩效目标设计的技巧

绩效目标的设定犹如方向性的指导。目标设置不合理,会导致结果南辕北辙,根本无法达到绩效考核的目的,绩效无法改进,反而成了为考核而考核的负激励。

2.1.1 企业战略绩效目标设计技巧

企业可通过平衡计分卡来设计企业的战略绩效目标,它是企业进行战略绩效目标设计最有效的方法之一。

人力资源管理人员在分析确定了企业战略目标后,就可按照平衡计分卡的四个维度进行战略绩效目标设计。平衡计分卡主要包括财务、客户、内部运营、学习与成长四个维度,企业利用平衡计分卡设计企业战略绩效目标的具体说明表如表2-1所示。

表2-1 平衡计分卡说明表

序号	层面	具体说明
1	财务层面	●财务层面的目标主要用来衡量企业内相关工作的实施和执行是否能够为最终战略目标作出贡献,不是所有工作都能在短期内产生财务效益 ●除了财务层面的目标还需要设计非财务性质的目标,因为设计非财务性质的目标可改善和提高财务绩效目标,是实现财务目标的手段
2	客户层面	●企业应以目标顾客和目标市场为方向,企业应当关注是否满足核心顾客的需求,而不是要满足所有客户的偏好
3	内部运营层面	●内部运营绩效考核应以对客户满意度和实现财务目标影响最大的业务流程为核心 ●内部运营包括短期现有业务的改善,又涉及长远产品和服务的革新
4	学习与成长层面	●员工在学习与成长方面的进步,可以提高客户满意度,改善内部运营效率,进一步影响财务绩效 ●由于员工执行不力会给企业带来失败成本,而员工的学习与成长可减少失败成本

企业利用平衡计分卡设计企业战略绩效目标时,通常首先制订财务和客户层面的目标,然后制订企业内部运营层面的目标,最后制订学习与成长目标,这样的设计能够使企业抓住重点,更专注于衡量那些与股东和客户目标息息相关的事项。企业战略绩效目标设计图如图2-1所示。

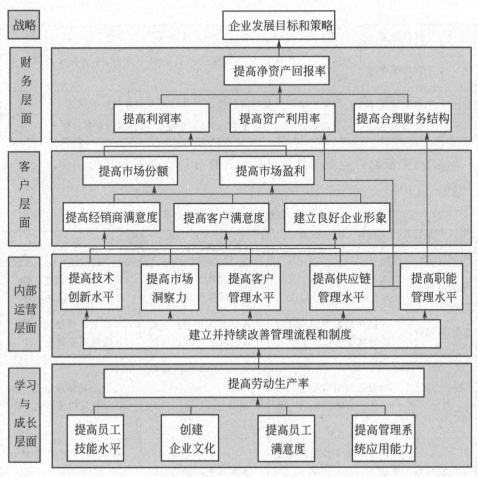

图2-1　企业战略绩效目标设计图

2.1.2　企业业务绩效目标设计技巧

企业业务绩效目标设计主要是对企业生产、销售、研发等企业业务的绩效目标进行设计。其具体的设计维度如表 2-2 所示。

表2-2　企业业务绩效目标设计维度

序号	设计维度	设计说明
1	时间维度	根据业务的实现时限,设计整体公司不同阶段的销售目标
2	产品维度	从公司产品类别角度,根据各类产品的销售目标,确定公司总体的销售目标
3	区域维度	根据区域的业务要求,设计出公司各区域相关业务的业务目标

续表

序号	设计维度	设计说明
4	发展维度	从公司业务现状及未来发展趋势的两个方面,确定公司总体业务目标
5	组织结构维度	根据企业组织结构的具体情况进行企业业务目标的设计
6	按分公司维度	根据各分公司的业务目标,从而确定公司整体的业务目标

表2-3是根据企业业务绩效目标设计维度进行目标设计的示例,供读者参考。

表2-3 企业业务绩效目标设计示例

业务 维度	研发业务	生产业务	销售业务
按产品划分	A产品研发数达__项 B产品研发数达__项	A产品生产量达__件 B产品生产量达__件	A产品销售量达__件 B产品销售量达__件
按区域划分	A区域研发数达__项 B区域研发数达__项	A区域生产量达__件 B区域生产量达__件	A区域销售量达__件 B区域销售量达__件
按分公司划分	A分公司研发数达__项 B分公司研发数达__项	A分公司生产量达__件 B分公司生产量达__件	A分公司销售量达__件 B分公司销售量达__件
按组织结构划分	硬件研发工作按时完成率达__% 软件研发工作按时完成率达__%	A车间生产量达__件 B车间生产量达__件	对大客户的销售量达__件 对普通客户的销售量达__件
按时间划分	公司年度研发数达__项 公司月度研发数达__项	公司年度生产量达__件 公司月度生产量达__件	公司年度销售量达__件 公司月度销售量达__件

2.2 定量与定性目标设计

企业管理目标可以分为定量目标与定性目标两个方面,定量目标如销售额、回款额、产量、废品率之类;定性目标同样会起到指导下属工作方向、激发下属工作积极性、激发下属工作创造性的目的。

2.2.1 绩效量化目标设计

只有可衡量的目标才能便于企业管理者判断绩效。因此，企业需要对目标进行量化设计，如公司产品的市场份额达到____%、客户保有率不低于____%、将成本控制在____%~____%之间、提高客户响应速度，争取将回应时间控制在____分钟以内等。

概括起来，企业量化目标的设计可从收入、利润、成本费用、时间以及相关管理的事项目标进行设计。具体内容如下。

(1) 目标量化维度

人力资源管理人员对目标可以从结果和行动两个维度对其进行量化。两个维度的具体说明如下所示。

① 结果：实现这样的目标，最终期望的结果会是什么？
② 行动：完成这样的结果，需要采取哪些行动才能行？

各绩效目标量化可针对具体情况，采取只分析结果，或者只分析行动的方式进行设计，或者结合两者一起考虑，这主要是看企业的导向，是重行为还是重结果，还是两者并重。

(2) 目标量化方法

由于目标量化必须有量化方法，人力资源管理人员可以采用数量量化、质量量化、成本量化、时间量化等方法来对目标进行量化。目标量化方法的具体说明如图 2-2 所示。

量化方法	量化说明	举例
数量量化	数量量化是指用数据或百分比指标来量化员工的业绩和技能	数量：产量、次数、频率、销售额、利润率、客户保持率等
时间量化	从时间角度对部门工作成果进行量化考核，主要是对限定时间内的工作完成情况进行的考核	时间：期限、天数、及时性、推出新产品周期、服务时间等
质量量化	工作不仅在规定的时间内完成，而且还需要有质量地完成	质量：准确性、满意度、通过率、达标率、创新性、投诉率等
成本量化	从成本的角度细化量化考核工作，落实成本管理责任	成本：成本节约率、投资回报率、折旧率、费用控制率等

图2-2 目标量化方法说明和举例

(3) 目标量化要求

目标量化需要遵循量化、细化、流程化的要求进行，其基本要求为：能量化的尽量量化；不能量化的尽量细化；不能细化的尽量流程化。具体的要求说明如表 2-4 所示。

表2-4 目标量化要求

要求	具体说明
能量化的尽量量化	首先检查哪些工作可以量化，直接量化可以将比较笼统、很难直观衡量的工作，通过目标转化的方式来实现量化，转化的方法就是数量、质量、成本、时间等量化方法，通过目标的转化，从而实现目标量化
不能量化的尽量细化	对于工作比较繁杂琐碎，无法确定其核心工作是什么，不好量化，而且量化了也不一定能做到全面、客观。在这种情况下，可以采取目标细化的方式进行量化 具体操作方法：先对所有工作事项进行盘点，找出关键事项，然后运用合适的指标进行量化，这样，经过细化的指标基本上就能够涵盖其主要工作
不能细化的尽量流程化	很多岗位，工作比较单一，往往一项工作做到底，这种工作用量化、细化都无法准确衡量其价值 针对这种工作，可以采用流程化的方式，把其工作按照流程分类，从中寻找出可以考核的流程，然后针对每个流程，再从多个维度来衡量

(4) 目标量化原则——SMART 原则

SMART 原则是目标量化的最根本原则，也是检查目标的原则。因此人力资源管理人员手续需要按照 SMART 原则对绩效目标量化进行设计和检查。SMART 是由五个英文字母的缩写构成，S：(Specific) 明确的；M：(Measurable) 可衡量的；A：(Achievable) 可达到的；R：(Relevant) 关联的；T：(Timebound) 有时间表的。

由于企业发展情况各不相同，因此目标设定的侧重点也不尽相同。表 2-5 是某企业经营目标量化的一个示例。

表2-5 某企业经营目标量化表

序号	目标	目标量化	
1	收入目标	销售收入	达___元
		项目收入	达___元
		其他收入	达___元
2	利润目标	净利润	达___元
		销售利润率	达___%

续表

序号	目标	目标量化	
3	成本管理目标	研发成本	控制在预算之内
		制造成本	降低____%
4	费用管理目标	营销费用	控制在预算之内
		财务费用	降低____%
		管理费用	降低____%
5	生产管理目标	产量	产品达____台
6	安全管理目标	无重大、特大安全事故发生	0次
7	质量管理目标	产品质量合格率	达____%
8	市场营销目标	市场占有率	达____%
		品牌认知度	提升____%
9	技术研发目标	研发新产品的数量	达____项
		重大技术改进项目完成数	达____项
10	客户服务目标	客户开发计划完成率	达____%
		客户投诉处理及时率	达____%
11	人力资源管理目标	员工流动率	控制在____%以内
		人均培训时数	达____小时/人

2.2.2 绩效定性目标设计

定性目标是指无法直接通过数据计算分析评价内容，需对评价对象进行客观描述和分析来反映评价结果的指标。企业确定明确、具体的定性目标，有利于员工明确工作开展的要求与方向，有利于激励员工按要求积极完成岗位工作。

（1）定性目标类型

通常定性目标主要分为能力指标、行为态度指标和工作过程指标，需要根据具体的岗位分析后确定。表2-6 对各类型的定性指标进行说明。

表2-6 定性指标类型

目标类型	目标说明	举例
能力类定性指标	综合描述员工某一方面能力的目标	如分析判断能力、沟通能力、应变能力等
行为态度类定性指标	描述一个人的行为态度，对于某些对行为态度要求较高的岗位很重要	如服务态度、团队协作态度、服从性、原则性等

续表

目标类型	目标说明	举例
工作过程类定性指标	完成特定的某项行为操作所需要达成的目标,对此目标的考核是为了对员工履行职责的过程实行实时监控	如财务报告及时性、财务报告差错情况、预算管理完成情况、税务管理准确性等

(2) 定性目标设计步骤

由于定性目标主要由指标与指标完成状态构成,所以人力资源部可以按以下三步确定定性目标。具体的步骤如下所示。

① 定性指标提取。人力资源部首先需熟悉被考核对象或被考核部门的工作流程,了解被考核对象在流程中所扮演的角色、肩负的责任以及同上下游之间的关系,分别找分管领导、各职能部门、下属分公司进行调研和访谈,了解被考核部门或被考核者的关键工作事项或典型工作行为,以及胜任岗位工作应具备的能力素质等。

人力资源部根据关键工作事项、典型工作行为、岗位能力素质等提取定性指标。并根据考核的基本原理与原则,对所提取的定性指标进行验证,保证其能够有效地反应被考核对象的绩效特征。

② 确定指标达成状态。指标完成状态即完成指标的表现,人力资源部可采取等级描述法,对工作成果或工作履行情况进行分级描述,并对各级别用数据或事实进行具体和清晰的界定,使被考核对象明确指标各级别达成要求,明确指标完成状态。

③ 将指标与达成状态结合。明确指标完成状态后,人力资源部应将提取的指标与指标完成状态相结合,结合后的定性描述即为定性目标。

第 3 章

绩效目标分解

3.1 企业绩效目标分解

绩效管理的难点之一就是如何分解目标。绩效管理的每个目标都需要层层分解，从公司战略到高层管理目标，从中层管理者再到员工的任务和工作。这样才能便于企业绩效目标的完成。

3.1.1 绩效目标分解方法

企业一切活动都要围绕着战略规划展开，而公司总体目标的制订，自然也应以战略规划为依据，并将其进行层层分解，从而形成完善的目标体系。

（1）公司目标分解方法

公司绩效目标分解在进行层层分解的过程中，可采用对应分解法、叠加分解法和递进式分解法等方法。

① 对应分解法。对应分解法是指公司的总绩效目标直接对应分解到下级的部门上，图3-1以"销售业绩增长率"为例进行说明。

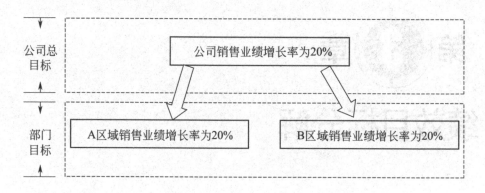

图3-1　对应分解法图解实例

② 叠加分解法。叠加分解法是指根据各部门的主要业务进行相关业务目标设计，然后相关部门所有业务叠加完成之后，即可完成公司总目标的效果。图3-2以"利润率"为例进行说明。

③ 递进式分解法。递进式分解法是指公司将公司总目标以层层递进分解的方式，将总目标分解到相关岗位人员身上的方法。图3-3以"单人销售额"为例进行说明。

（2）注意事项

除了要注意目标制订、分解的方式方法外，还应当在绩效目标制订与分解的过程中抓住关键点，具体内容见图3-4。

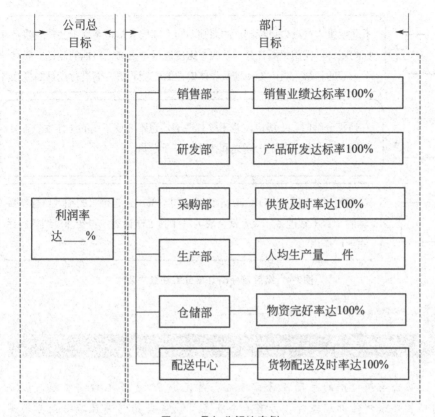

图3-2 叠加分解法实例

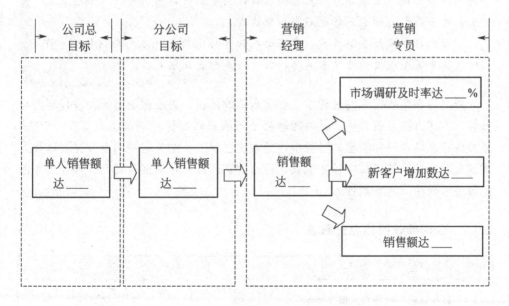

图3-3 递进式分解法实例

不同层级人员绩效目标制订的原则不同。高层人员可类似于公司战略指标的制订,使用平衡计分卡从四个维度进行个人绩效目标的制订。而对于一般的基层人员,更多地从具体岗位的职能职责方面进行指标的提炼

 在目标分解时,上级应注意不要有遗漏,也不要使下属的工作发生重复,同时尽可能使下属的分量之和大于或等于总量

 绩效目标不同于工作计划。不论是公司、部门还是个人的绩效目标,目标的个数不宜过多,太多就会成为具体的工作计划,也会冲淡绩效目标的导向作用

图3-4 绩效目标制订与分解注意事项

示例参考

某公司制订出的年度经营目标之一是完成2000万元的销售额,该公司销售部除销售部经理外,另有4个业务员。倘若销售部经理给业务员下达的任务是每人完成500万元的销售额,到年底时,若其中一人任务未完成,则公司的总销售目标也不能如期达成。

因此,在目标分解阶段,若将每人的目标定为600万元的销售额,即便团队中某个成员的业绩未达标,但总任务也能如期完成。

总之,在绩效管理的过程中,要注意绩效目标是否按照规定流程进行制订与分解、方式方法是否合理、是否能够将公司的战略指标顺利落实到部门、个人,还要注意在绩效目标管理的过程中,是否注意到了一些关键控制点。通过这种方式建立起来的绩效考核指标才能真正使绩效管理具有导向性和真实性等,才能保证最终考核结果的有效性。

3.1.2 公司绩效目标总分解表

序号	一级目标	二级目标	三级目标
1	财务目标	销售收入增长率	新客户、原客户、大客户、新产品、原产品、出口产品、内销产品、各区域、各分公司的销售收入和销售收入增长率

续表

序号	一级目标	二级目标	三级目标
1	财务目标	成本费用降低率	研发、采购、生产成本、储存、销售等费用降低率、预算完成率
		总资产周转率	应收账款周转率、存货周转率、固定资产周转率
		财务结构性	流动比率、速动比率、资产负债率
2	生产目标	技术创新水平	新产品开发上市数量、新产品开发周期、新品销售收入完成率
		供货及时率	生产计划误差率、供应商供货及时率 采购出错率、采购订单延误率 检后产品合格率、设备完好率、设备开工率、生产产品合格率
3	营销目标	提高市场份额	新增经销商的数量、有效经销商的比例
		品牌市场价值	企业的信誉评级
		市场调研次数	国内市场调研次数、国外市场调研次数
4	客户目标	经销商满意度	经销商满意度评分、经销商流失率、经销商盈利率
		消费者满意度	消费者满意度评分、客户投诉次数
5	员工成长	人均销售收入	各分公司人均销售收入、员工出勤率、生产部每人每月生产的产品数、研发部每人每年参与设计的产品数、销售部每人每月销售的产品数、物流配送部每人每月运输的产品数
		员工技能提升率	员工平均培训时间、员工培训参与率
		员工满意度	员工流失率、员工建议被采纳率

3.2 部门绩效目标分解

绩效考核的最终目的是为了实现目标，考核是实施目标管理的一种有效方式，一般采取自上而下的考核方式，因此战略目标分解亦为逐级分解，对应到考核指标上。

3.2.1 采购部目标分解

结合采购部的部门职责，可从物料采购、成本控制、供应商管理、仓储管理四方面对该部门的绩效目标进行设定与分解。

(1) 采购部目标分解表

采购部目标分解表见表3-1。

表3-1 采购部目标分解表

工作事项	绩效目标	目标值
物料采购	按时、保质保量地完成物料采购计划	采购计划完成率达100%、采购质量合格率达100%
	采购价格合理	在同等质量前提下,采购价格不得高于市场平均价格
成本控制	采购成本控制在预算范围内	采购成本比预算降低____%
	仓储成本控制在预算范围内	仓储成本降低____%
供应商管理	完成供应商开发计划	供应商开发计划完成率达____%、供应商履约率达____%、优秀供应商比例达____%
	订单处理	紧急订单响应率达____%
	规范供应商档案的管理工作	资料齐全、正确
仓储管理	储存物资完好	物资完好率达____%
	账目准确	物资台账准确

(2) 绩效目标值设定说明

① 由于市场环境的变化,会导致采购需求增加或减少。所以,设定"采购计划完成率"指标值时,应考虑当时市场环境这一因素。

② 在设置"紧急订单响应率"指标值时,应结合同行情况及供应商实际,合理设置目标值。

3.2.2 市场部绩效目标分解

市场部的主要工作包括市场调研管理、市场推广、广告及品牌管理和分销渠道建设等工作。市场部绩效目标主要根据部门的工作事项进行设置。

(1) 市场部绩效目标分解表

其制订出的目标分解表如表3-2所示。

表3-2 市场部绩效目标分解表

工作事项	绩效目标	目标值
市场调研	完成既定的市场调研工作	市场调研计划完成率达100%;市场信息收集及时、准确
市场推广	市场推广活动按计划全面完成	市场推广计划完成率达100%

续表

工作事项	绩效目标	目标值
广告宣传	按计划投放广告、开展公关活动提升品牌知名度	市场占有率达____%、广告投放有效率达____%、品牌知名度提升____%
渠道建设	完成专营店、代销点等分销机构的建设工作	分销机构建设数量达____个
成本控制	将市场活动费用控制在预算范围内	费用控制在预算范围内

（2）绩效目标值设定说明

市场部绩效目标值可根据企业总目标、相关制度规定和同行业实际情况等来设定。具体的设定依据如下。

① 企业总目标。例如"市场推广费用"可根据企业总费用目标进行分解，分解到部门之后，再根据各项费用的预计使用情况进行摊派。

② 相关制度规定。例如"市场调研计划完成率"，根据岗位职责要求和相关规章制度，确定其绩效目标值为100%。

③ 同行业实际情况。例如"广告投放有效率"除根据以往经验进行预测之外，还可参考同行业实际情况，结合本企业相对于同行业的优势劣势进行综合分析设计绩效目标值。"市场占有率的目标值"应按照以往经验结合企业总体目标和本行业内其他企业的市场占有率情况进行设定。

3.2.3 销售部绩效目标分解

结合销售部的部门职责，可从产品销售、销售货款管理、客户关系管理三大方面对该部门的绩效目标进行设定与分解。

（1）销售部绩效目标分解表

具体内容见表3-3。

表3-3 销售部绩效目标分解表

工作事项	绩效目标	目标值
产品销售	按计划完成公司的销售任务	销售收入达____万元、销售增长率达____%
产品销售	合理控制销售费用	销售成本控制在预算内
销售货款管理	销售货款回收及时	销售回款率达____%
销售货款管理	及时催款，减少呆账、坏账	逾期账款率低于____%、坏账率低于____%

续表

工作事项	绩效目标	目标值
客户关系管理	完成既定的客户开发任务	客户开发计划完成率达____%
	客户关系维护良好	大客户保有率达____%、客户流失率低于____%
		客户信用分级科学、实用、有效

(2) 绩效目标值设定

销售部绩效目标值可根据企业总目标、计算推定、市场趋势、相关制度规定和同行业实际情况等进行设定。具体的设定依据如下。

① 企业总目标。例如"销售收入"可根据企业总体销售收入目标，按区域、部门进行分解，最后得到部门销售收入绩效目标。

② 计算推定。例如"销售成本"可根据销售收入目标结合利润诉求进行计算推定。

③ 市场趋势。例如"销售增长率"的绩效目标值，除根据以往经验进行预测之外，还须考虑市场的总体发展趋势，如市场因经济危机的情况发生微缩，那么销售增长率可能会很小甚至降低。

④ 客户状况。例如，"坏账率""销售回款率"等绩效目标值的设定，须根据客户经济状况、信誉状况等进行综合分析设定。

3.2.4 财务部目标分解

(1) 财务部目标分解表

符合公司治理结构设置的财务部应当有从资本的融通（筹资管理）到现金的运营（财务管理）再到资本运作（投资管理）等职能。财务的绩效目标可根据财务的部门职能来进行设定。具体的设计图如表3-4所示。

表3-4 财务部目标分解表

工作事项	绩效目标	目标值
财务预算	提高公司财务预算的执行力	预算执行率达____%
资金管理	及时办理资金收付业务	业务办理及时、无差错
	加强资金安全管理，提高资金利用效率	资金安全率达____%，企业所需资金供应及时
	及时分析和跟踪投资项目进展情况	投资收益率达____%
	完成融资任务	融资计划完成率达____%

续表

工作事项	绩效目标	目标值
会计核算与账目编制	及时编制有关会计报表	会计报表编制及时、无差错
	及时进行会计账务处理	账务处理及时、无差错
成本控制	降低财务管理费用	较同期下降____%

(2) 绩效目标值设定

① "资金收付业务办理差错项"的目标值可根据以往的经验来设定,但是尽量能够达到 0。

对"投资收益率"指标的目标值设定,可结合企业以往业绩、市场环境、同行业水平等综合因素来确定。

② 账务处理既要保证及时、又要保证准确,因此在设置目标值时,对"账务处理及时率"应设为 100%、差错率设为 0。对"会计报表编制"这一事项的考核亦是如此。

3.2.5 行政部目标分解

(1) 行政部绩效目标分解表

结合行政部的部门职责,可从文书档案管理、行政性固定资产管理、员工满意度管理、行政费用控制四大方面对该部门的绩效目标进行设定与分解,具体内容见表 3-5。

表3-5 行政部绩效目标分解表

工作事项	绩效目标	目标值
文书档案管理	文书处理及时、准确	及时、准确
	完成行政公文的撰写	撰写及时,内容符合要求
	做好公司文件资料的归档工作	资料完整、无缺失
行政性固定资产管理	及时完成行政性固定资产的采购工作	采购计划完成率达 100%
	对行政性固定资产进行有效管理,确保行政性固定资产的完好率	办公设备完好率达____%
员工满意度管理	制定规范的行政规章制度	行政规章制度健全、适用
	做好员工的后勤保障工作	员工满意度评价达____%
行政费用控制	合理控制公司行政费用	费用支出在预算范围内

(2) 目标值设定说明

① 对"文件处理及时"这一目标项,在设置目标值时,可根据文件的重要程度分别给予不同的时限规定,如最速件:随到随办;____小时内处理完毕;速件:____小时内处理完毕;普通件:____小时内处理完毕。

② 对"文件资料归档"这一事项,其设定的目标值应为100%,或者是"完好,无缺失",其意在提高企业档案管理工作质量。

③ 在对"办公设备完好率"这一指标设定目标值时,需事先对设备的完好标准做出清晰的界定,并依据设备的使用情况,合理设定目标值。

3.2.6 生产技术部目标分解

(1) 生产技术部绩效目标分解表

结合生产技术部的部门职责,可从产品生产、技术管理、设备管理、安全生产管理四方面对该部门的绩效目标进行设定与分解,具体内容见表3-6。

表3-6 生产技术部绩效目标分解表

工作事项	绩效目标	目标值
产品生产	产品产量达____万件	达____万件
	产品产值达____万元	达____万元
技术管理	产品质量合格率达____%	达____%
	产品质量优良率达____%	达____%
	完成既定的技术改造任务	技术改造项目达____项
	及时解决生产中的问题	问题解决率达____%
设备管理	合理安排设备的使用	设备使用率达____% 设备完好率达____%
安全生产管理	做好安全生产检查工作	按规定完成
	严防安全事故	重大生产安全事故发生率为0

(2) 目标值设定说明

① "产品产量""产值"的绩效目标值可根据基础数据结合相关预测值进行推定。如考核期人员数量预测为500,人均产量为10件,那么其"生产总产量"的目标值应设定为5000件。

② "设备完好率""设备利用率"应根据设备状况结合以往经验进行设定。

③ 安全管理事项的工作绩效可体现在安全事故的发生频率上,因此可设置"安全生产事故发生次数"的绩效目标。其目标值应根据有关规定和企业规章制

度的要求,将"重大生产安全事故"的目标值设定为0。

3.2.7 工程项目部目标分解

(1) 工程项目部绩效目标分解表

工程项目部的职责主要是对项目进度、项目质量、项目安全、项目设备、项目成本等事项进行管控,企业可据此对该部门的绩效目标进行分解,具体内容见表3-7。

表3-7 工程项目部目标分解表

工作事项	绩效目标	目标值
工程项目进度管理	合理调度项目部水、电、气、材料、人员等资源,确保工程项目按计划完成	工程进度计划完成率达100%
工程项目质量管理	确保项目质量达到要求和标准	项目质量合格率达100% 项目质量优良率达____%
工程项目安全管理	加强工程项目的安全管理,确保其不发生施工事故	一般安全事故发生次数低于____次 重大安全事故发生次数为0
工程项目设备管理	合理安排各种设备的使用 定期组织进行设备的检查和维修	设备利用率达____% 设备完好率达____%
工程项目成本管理	合理控制工程项目总成本和各阶段的成本支出	工程项目成本降低率达____%

(2) 目标值设定说明

① 为控制项目进度,确保工程按计划完成,针对项目进度管理可设置"工程项目进度计划按时完成率"来对其进行考核,通常此目标值设定为100%。

② 为确保各项工程的质量达标,针对项目质量管理可设置"工程项目质量合格率"来对其进行考核,其目标值可设定为100%。

③ 为确保工程项目的施工安全能够达标,针对施工安全可设置"工程项目安全事故发生次数"来对其进行考核,其安全事故发生次数可分为重大安全事故次数和一般安全事故次数,设定目标值时应分开考虑,项目经理需要控制项目施工发生重大安全事故的次数为0次,因此其目标值设定为0,一般安全事故需要控制在一定范围内,其目标值可根据企业实际情况尽量设低。

④ 为合理地控制成本,针对项目成本管理可设置工程项目成本降低率来对其进行可考核,其目标值可参考以往的项目成本额度来确定项目成本降低率。

3.2.8 物流配送部绩效目标分解

(1) 物流配送部绩效目标分解表

物流配送部的基本目标就是以最低的成本向客户提供最满意的物流服务,而且按客户需要的时间,将客户所需要的物品以合适的方式按照指定的时间送达到需要的场所。其具体内容见表3-8。

表3-8 物流配送部绩效目标分解表

工作事项	绩效目标	目标值
物流系统建设	确保物流渠道畅通	物流订单满足率达____%
订单处理	及时对客户的订单做出处理	订单处理及时、正确
配送管理	根据客户的要求,对物品进行分拣、组配等作业	分拣准确率达____% 操作符合公司规范
运输管理	将物品顺利送达目标客户	货损率低于____% 货差率低于____% 运力利用率达____% 车辆完好率达____% 运输事故发生次数为0

(2) 目标值设定说明

① 物流车队管理工作项可设定"运力利用率"的绩效目标,其绩效目标值应根据企业总体目标和以往经验进行设定。

② 影响"车辆完好率"的因素有车辆行驶道路的情况、驾驶员的技术水平、车辆保养情况等,在设定目标值时,应综合考虑上述因素及同行业的水平。

3.2.9 软件开发部绩效目标分解

(1) 绩效目标分解表

对软件开发部的业绩目标设定,主要从产品开发与维护、开发成本控制、资料管理三个方面来进行,具体内容见表3-9。

表3-9 软件开发部绩效目标分解表

工作事项	绩效目标	目标值
产品开发与维护	按计划要求完成产品开发工作	项目延期率低于____%、开发计划完成率达100%、专利技术项数达____项、开发过程符合度要求
	及时完成产品的测试工作	千行代码Bug率低于____‰、测试问题解决率达____%、运行质量稳定
开发成本控制	及时进行成本核算	成本核算在规定时间内完成
	成本控制在预算内	实际开发成本与预算偏差在±____%内

续表

工作事项	绩效目标	目标值
资料管理	确保档案资料完好	技术资料无缺失
	资料及时归档	文件资料归档完整率达____%

(2) 绩效目标值设定说明

① "项目延期率"用于考核项目进展情况，类似的指标还有"项目延期天数"，在考核时，可这样设定评价标准：绩优目标，提前____天完成，____分；考核目标，按时完成，____分；最低目标，延期____天，____分。企业可根据考核工作需要灵活选用。

② "专利技术项数"这一指标反映了企业自主创新的能力。该指标属于奖励性指标，因此，在设定考核标准时，应将其设为"每拥有1项，加____分"。

3.2.10 电子商务部绩效目标分解

(1) 绩效目标分解表

电子商务部的绩效目标按其工作事项进行设定。其工作事项包括运营、推广、美工、客户管理等环节，具体内容见表3-10。

表3-10 电子商务部绩效目标分解表

工作事项	绩效目标	目标值
运营	完成合作电商平台开发	平台开发任务完成率达100%
	完成工作标准化流程设计	标准化体系有效执行率达100%
	推出各类促销活动	GMV达____万元
推广	完成网络销售渠道开发任务	渠道开发任务完成率达100%
	完成推广方案的制作并实施	访客数(UV)达____人次、推广计划完成率达100%、推广投资回报率达____%
美工	完成页面的整体版面布局、装饰工作	浏览量____人次、页面总点击率____%、平均访问深度达____、平均停留时长达____分钟、首页跳出率低于____%
客户管理	及时处理订单	订单处理及时率达100%
	及时对客户的需求做出反应，将退货率控制在____%以内	咨询转化率达____%、客户好评率达____%、退货率低于____%、退款率低于____%
	产品销售额达____万	销售额达____万元、客单价达____元

(2) 绩效目标值设定

电子商务部绩效目标值可根据企业总目标、相关制度规定和同行业实际情况等进行设定。具体如下。

① 企业总目标。如"销售额",可根据企业总体目标设置绩效目标值。

② 相关规章制度。包括"标准化体系执行率""订单处理及时率",可根据相关规章制度规定,设定为100%。

③ 同行业情况。如"咨询转化率""客户好评率"等,可根据同行业实际情况进行设定。

3.2.11 人力资源部目标分解

(1) 绩效目标分解表

人力资源部的主要工作包括企业组织架构设计、招聘与配置、员工培训、绩效考核、薪酬管理和员工关系管理等事项,对此,设计出的绩效目标分解表如表3-11所示。

表3-11 人力资源部绩效目标分解表

工作事项	绩效目标	目标值
组织架构设计	确定和区分每个部门的权责	各部门权责清晰
	设计出的组织架构科学、适用	
招聘与配置	满足公司用人需求	招聘计划完成率达____% 人员适岗率达____% 各层次员工结构比例合理 招聘成本控制在预算范围内
员工培训	落实各项培训计划	培训计划完成率达____% 员工任职资格达标率达____%
绩效考核	按时完成对员工的考核工作	员工绩效考核覆盖率达100% 绩效考核数据准确率达____%
	及时处理员工的异议	处理及时
薪酬管理	合理控制薪酬成本	薪酬成本控制在预算范围内
	及时编制工资报表	工资报表编制及时、准确
员工关系管理	妥善解决劳动纠纷	劳动纠纷解决率达____%
	提高团队的凝聚力	骨干员工流失率低于____%

(2) 绩效目标值设定

① 招聘人员除了确保日常招聘质量和招聘效率之外,还需要确保招聘费用

控制在预算范围之内，因此设定招聘费用额度进行考核，招聘费用额的目标值可根据预算进行设定。

② 为了提高招聘人员的招聘质量，确保人员适岗，企业可设定"人员适岗率"对招聘质量进行考核，其目标值可结合以往招聘情况与同行业实力水平相当的企业等因素进行设定。

③ 关于"考核数据准确率"这一指标目标值的设定，原则上应设定为100%。

3.3 岗位绩效目标分解

岗位绩效目标需要在公司的战略目标、部门目标、各岗位的职责与任务的基础上来构建，并进行细化分解。

3.3.1 市场岗位绩效目标分解

市场岗位绩效目标分解表见表3-12。

表3-12 市场岗位绩效目标分解表

岗位	绩效目标	目标值
市场经理	及时提交市场开发计划	及时、规范、符合实际
	提高产品市场占有率	达到____%以上
	提高目标市场铺货率	达到____%以上
	分销机构建设数量	不少于____个
	合理控制部门费用	____万元以内
市场推广	市场推广活动次数	不少于____次
	完成市场开拓目标	市场拓展计划完成率达100%
品牌公关	提升产品的品牌认知度	品牌认知度达____%
	完成公关活动计划	计划完成率达100%
	与合作单位建立良好的关系	满意度评价达____%

3.3.2 销售岗位绩效目标分解

销售岗位绩效目标分解表见表3-13。

表3-13 销售岗位绩效目标分解表

岗位	绩效目标	目标值
销售经理	销售计划制订及时	100%
	销售量达标	达到__万件以上
	完成既定的客户开发计划	客户开发计划完成率达到__%以上
	销售回款任务完成	销售回款率达到__%以上
	合理控制销售费用	销售费用控制在预算范围内
	完成对下属人员的培训工作	培训计划完成率达到__%以上
业务员	完成销售任务	销售计划完成率达100%
	控制销售费用	销售费用不超出预算
	做好销售回款任务	销售回款率达____%
	维护良好的客户关系	大客户保有率达____% 客户满意度评价达____

3.3.3 生产岗位绩效目标分解

生产岗位绩效目标分解表见表3-14。

表3-14 生产岗位绩效目标分解表

岗位	绩效目标	目标值
生产经理	总产值达到____万元	达到____万元以上
	产品质量优良	产品优良率达____%,产品合格率达____%
	合理使用设备	设备利用率达到____%,设备完好率达到____%
	严格控制安全生产事故	重大安全生产事故率为0,工伤率低于____%
	生产总成本控制在预算内	不超过____万元
	5S现场管理达标	达标率达____%以上
车间主任	完成车间生产任务	车间生产计划完成率达100% 产品质量合格率达100%
	提高生产效率	劳动生产率达____%
	做好车间生产现场管理	现场管理达标率达____%
班组长	完成班组生产任务	班组生产计划完成率达100% 产品质量合格率达100%
	提高班组生产效率	劳动生产率达____%
	做好班组生产现场管理	现场管理达标率达____%

续表

岗位	绩效目标	目标值
生产调度岗	根据生产需要合理调配人力、物力等资源	生产排程准确率达100% 生产调度不当的次数为0
生产技术岗	及时发现和解决生产中出现的技术、质量问题	产品质量合格率达100% 技术改造项目达____项 技术工艺合格率达____%
	提高生产员工的技术水平	技术创新项目达____项 技术问题解决率达100% 培训计划完成率达100%
生产设备岗	做好生产设备的维护与保养	设备保养计划执行率100% 设备维修计划完成率100% 维护、维修费用比上期降低____个百分点
生产安全岗	做好生产安全检查工作,排除安全隐患	安全宣传覆盖率达100% 重大安全生产事故为0,事故率低于____%

3.3.4 电商岗位绩效目标分解

电商岗位绩效目标分解表见表3-15。

表3-15 电商岗位绩效目标分解表

岗位	绩效目标	目标值
电商经理	完成既定的销售额任务	100%
	增加网店的访问量	达到____人次以上
	提高咨询转化率	达到____%
	客单价	达到____元
	提高店铺好评率	提升____个百分点
	降低退货率	降低____个百分点
	控制部门费用额	不超过____万元
推广运营岗	多渠道推广网店,提高网店访问量	达到____人次以上
	通过开展促销活动,提升网店业绩	流量注册比达____,提袋率达____% 新客户开发成本较上期降低____%
美工岗	对页面进行设计和优化	图片、文字清晰准确,设计通过率达____% 页面点击率达____% 网站访问深度达____ 新顾客静默转化率达____%

续表

岗位	绩效目标	目标值
客服岗	及时接待客户的咨询	及时、准确
	完成销售任务	销售额达____万元 客单价达____元 退货率低于____%

3.3.5 财务岗位绩效目标分解

财务岗位绩效目标分解表见表 3-16。

表3-16 财务岗位绩效目标分解表

岗位	绩效目标	目标值
财务经理	投资项目收入达到预期目标	达到____元
	满足企业运营所需的资金需求	融资计划完成率达____%
	降低财务管理费用支出	降低____%
	财务报表提交及时、数据准确	及时、准确
	客户投诉次数	0
	员工培训计划完成率	达到100%
资金岗	做好日常融资往来工作,确保公司资金安全	融资计划完成率达____% 投资计划完成率达____% 筹措、供应资金及时
	完成各类资金报表的编制	各类资金报表编制及时、准确
会计	做好账目的登记与核算	登记及时、核算准确
	完成会计报表的编制	报表编制及时、数据准确
	做好会计档案的管理工作	档案完整
出纳	做好现金收付工作	按规定办理现金、转账业务无差错
	对发生的收、付、缴等项业务及时进行账目登记	账目填写清楚,准确率达100%
	票据开具无差错	无差错

3.3.6 工程项目岗位绩效目标分解

工程项目岗位绩效目标分解表见表 3-17。

表3-17 工程项目岗位绩效目标分解表

岗位	绩效目标	目标值
工程项目经理	及时、准确地做好工程调度工作	调度及时、准确
	工程项目按计划完成	计划完成率达100%
	工程技术质量合格	质量合格率达100%
	施工安全无事故	无施工事故发生
	工程成本控制在预算内	工程成本控制在预算内
工程造价岗	及时编制工程各阶段的预算	预算编制及时、准确
	及时完成项目的决算	决算完成及时、准确
工程施工岗	工程进度按计划完成	施工计划完成率达100%
	工程项目质量合格	合格率达100%
	无违规操作	无违规操作
工程技术岗	无工程质量事故发生	无工程质量事故发生
	工程验收合格	工程验收合格率达100%
	技术问题解决及时	及时率达100%

3.3.7 物流配送岗位绩效目标分解

物流配送岗位绩效目标分解表见表3-18。

表3-18 物流配送岗位绩效目标分解表

岗位	绩效目标	目标值
物流配送经理	货物配送准确率	100%
	运力利用率	达到____%以上
	收发货差错率	0
	货损率	低于____%
	订单处理平均用时	低于____分钟
	运输事故发生次数	0次
	部门费用额	不超过____万元
物流运输岗	及时处理客户订单	订单处理及时、准确
	做好车辆调度管理	车辆满载率达____%
	抓好物流运输安全管理	运输事故发生次数为0

续表

岗位	绩效目标	目标值
配送岗	按时完成配送任务	分拣准确率达100%
		配送任务完成率达100%
	确保配送货物完好	配送货物完好率达____%
仓储岗	做好仓储账务管理	账目准确、账实相符
	确保仓储物资完好	仓储物资完好率达____%
		无火灾、盗窃等事故发生

3.3.8 人力资源岗位绩效目标分解

人力资源岗位绩效目标分解表见表3-19。

表3-19 人力资源岗位绩效目标分解表

岗位	绩效目标	目标值
人力资源经理	满足企业的用人需求	招聘计划完成率达____%
		招聘人员适岗率达____%
		部门对新进人员满意度评价达____%
	完成人才培养计划	培训计划完成率达____%
		培训考核达标率达____%
	做好员工的考核工作	绩效考核工作按时完成
	合理控制人力资源成本	人力资源成本支出控制在预算内
	建立并维持良好的员工关系	员工满意度评价达____%
		骨干员工离职人数低于____人
招聘岗位	及时进行招聘信息发布	招聘信息发布及时、准确
	完成制订的招聘计划	招聘计划完成率达____%
		招聘职位平均空缺时间为____天
	做好关键岗位人员的储备工作	关键岗位人员的储备率达____%
培训管理岗位	完成制订的培训计划	培训计划完成率达____%
	做好培训工作评估	及时、准确
	做好培训资料收集整理工作	资料齐全
绩效管理岗	及时更新公司的考核指标	指标更新及时、合理
	组织做好员工的绩效考核工作	各项考核工作按时完成
		考核统计数据准确
	做好考核资料收集整理工作	资料齐全

续表

岗位	绩效目标	目标值
薪酬管理岗	开展薪酬调查	及时、准确
	及时完成薪酬报表的编制	及时、准确
	为员工办理各项保险	办理及时、无差错

第 4 章

考核指标体系设计

4.1 考核指标及权重设计

绩效考核指标是实施绩效考核的基础,制订有效的绩效考核指标是绩效考核取得成功的保证。

4.1.1 绩效考核指标设计

(1) 绩效考核指标类型

绩效考核指标包括能力素质指标、关键业绩指标和其他综合类指标。在这些指标中,关键业绩考核指标是最重要的,同时它还可以具体分为结果指标、过程指标等。图4-1是具体的绩效考核指标类型。

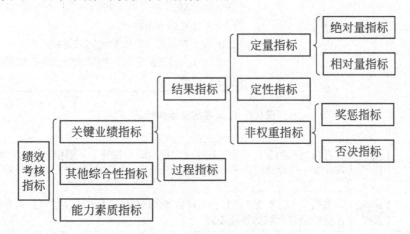

图4-1 绩效考核指标类型

(2) 绩效考核指标的特征

设计的绩效考核指标,应具有如图4-2所示的两个特征。

(3) 绩效考核指标设计依据

全面合理的考核指标设计应该是以企业发展战略为导向,以工作分析为基础,结合业务流程来进行的,其必须支持企业目标的实现。相关内容如图4-3所示。

根据工作职责设定绩效考核指标的示例如图4-4所示。

(4) 绩效考核指标的评价标准

绩效考核指标的评价标准明确了企业对员工的工作要求,即对于绩效内容界定的事情,员工应当怎样来做或者做到什么样的程度,在工作实施之前确定评估标准是十分重要的,绩效标准的确定,有助于保证绩效考核的公正性。

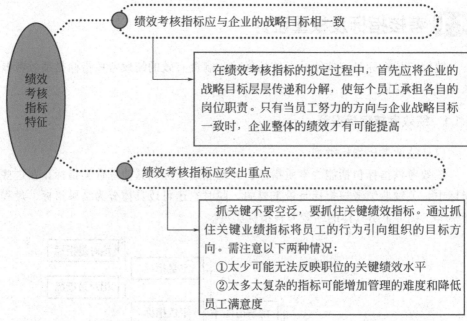

图4-2　绩效考核指标的特征

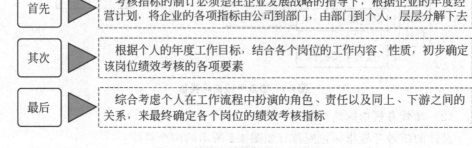

图4-3　绩效考核指标设计依据说明

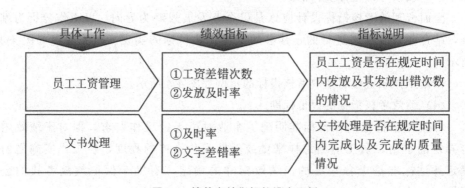

图4-4　绩效考核指标的设定示例

（5）确定绩效指标的考核频率

考核周期要视考核工作的具体内容而定，如果是需要一个季度才能完成的工作，自然要用季度考核。有些工作出现既可以月度考核，又可以季度考核的时候，应该把握的原则是最有利于激励被考核人的周期就是要考核的周期。

一般情况来说，对于基层岗位考核周期过长，反馈不及时，考核对于被考核人的激励作用就比较微弱。如果对于高层岗位也采用月度考核的方式，由于高层的工作结果产生周期性较长，月度考核都是过程性指标，没有考核到重点，也会失去考核的激励作用。

（6）绩效考核指标的数据来源

关于考核的数据来源，主要由两个方面构成：一是企业内部相关部门提供的数据；二是与业务工作有联系的企业外部有关部门（单位）提供的数据。在绩效目标体系中设置数据来源项目，有助于增强绩效考核的客观性和科学性。

（7）绩效考核指标设计方法

企业在确定绩效考核指标类型之后，需要对各部门和考核的具体考核指标进行设计，其设计的方法主要由工作分析法、战略目标分解法等，具体的设计方法如表4-1所示。

表4-1 绩效考核指标设计方法

方法名称	方法说明
工作分析法	通过收集、分析工作相关信息，以提取主要和重要的工作事项来确定绩效考核指标的方法
战略目标分解法	通过对企业的战略目标进行层层分解来获得各部门或者岗位的绩效考核指标
绩效指标图示法	将某类岗位任职者的绩效特征用图表形式描绘出来，加以分析研究，并最终确定考核指标的方法
基于综合业务流程的设计方法	根据被考核对象在流程中所扮演的角色、肩负的责任以及同上游、下游之间的关系，来确定衡量其工作的绩效指标的一种设计方法
问卷调查法	以书面形式，经绩效考核项目和问题展现出来并分发给相关人员填写，以收集不同人员关于绩效考核指标设计依据和建议的方法
访谈法	通过与绩效考核管理人员交流，收集相关资料信息，并以此作为设计和确定考核指标依据的方法

4.1.2 绩效指标权重设计

权重即绩效考核指标在评估体系中的重要性或绩效评估指标在总分中所应占

的比重，是每个绩效考核指标在整个指标体系中重要性的体现。各个考核指标相对于不同的评估对象来说，会有不同的地位和作用，因此，要根据不同的测评主体、不同的测评目的等恰当地分配与确定各个绩效考核指标的权重。

(1) 考核指标权重设计要点

企业在对绩效考核指标权重设置时，需要把握如图4-5所示的要点。

1　以战略目标和经营重点为导向的原则

2　各指标或目标权重比例应该呈现差异性，避免平均主义

3　应根据实际情况变化而变化，如企业不同发展阶段、市场的季节性、资源供给的变化性等

图4-5　绩效考核指标权重设置要点

(2) 考核指标权重设定的方法

为了使考核结果更具有客观性和可信性，人力资源部在设定考核指标权重时，还应选择科学、合理的方法。具体的设定方法包括专家咨询法和层次分析法等，表4-2是对这些方法的应用说明。

表4-2　指标权重设定方法的应用说明

方法	应用说明
专家咨询法	◆专家咨询法又叫"德尔菲法"，其具体做法是召集专家，先让他们分别根据个人的经验和主观感受给每个指标确定一个权数，经过处理后，将第一轮的赋权结果反馈给各位专家，并进行第二轮评估，如此反复几次，直至专家们的评定意见一致为止
层次分析法	◆层次分析法是一种多因素决策分析方法，其基本思想是将一个复杂的问题分解成各个组成部分，并将这些组成要素进行分组，从而形成一个有序的阶梯形结构，然后，通过两两比较的方式确定层次中各个因素的相对重要性，最后通过综合判断确定出各个要素的排列顺序
简单排序编码法	◆通过管理者对各项考评因素的重视程度进行排序编码，然后确定权重的一种简单的方法，需要管理者从过去的历史数据及个人的经验对各项考评项目作出正确的排序

续表

方法	应用说明
倍数环比法	◆倍数环比法首先将各个考评因素随机排列,然后按照顺序对各项因素进行比较,得出各因素重要度之间的倍数关系,又称环比比率,再将环比比率进行统一转换为基准值,最后进行归一化处理,确定其最终权重 ◆这种方法需要对考评因素有客观的判断依据,需要有客观准确的历史数据作为支撑 ◆这种倍数环比法决定权重的方法较为实用,计算也简单,由于有准确的历史数据作支撑,因此具有较高的客观科学性
优序对比法	◆优序对比法通过各项因素两两比较,充分考虑各项因素之间互相联系,从而确定其权重 ◆优序对比法通过各考评因素之间的对比,充分显示出因素与因素之间重要性的相互关系,实施过程仍需要管理者依凭经验作出判断,虽然在某一判断上,可能会出现偏差,但是却可以在与其他因素的比较上得到弥补,对决策者的主观经验判断是一个补充

4.2 部门考核指标设计

4.2.1 采购部考核指标设计

采购部考核指标设计表见表 4-3。

表4-3 采购部考核指标设计表

考核项目	考核指标	计算公式/指标定义
物资采购	采购计划完成率	采购计划完成率 = $\dfrac{\text{完成的采购项目数}}{\text{计划采购项目数}} \times 100\%$
	采购物资质量合格率	采购物资质量合格率 = $\dfrac{\text{质量合格的采购批次}}{\text{采购总批次}} \times 100\%$
采购成本	采购价格	按照公司比价规定,货比三家,确定合适的价格
	采购成本降低率	采购成本降低率 = $\dfrac{\text{上期采购成本} - \text{本期采购成本}}{\text{上期采购成本}} \times 100\%$
供应商管理	供应商开发计划完成率	供应商开发计划完成率 = $\dfrac{\text{期内新开发的供应商数量}}{\text{期内计划新开发的供应商数量}} \times 100\%$
	优秀供应商比例	供应商履约率 = $\dfrac{\text{已履行合同数}}{\text{签订的合同总数}} \times 100\%$

4.2.2 生产部考核指标设计

生产部考核指标设计表见表 4-4。

表4-4 生产部考核指标设计表

考核项目	考核指标	计算公式/指标定义
生产安排	生产计划编制及时率	生产计划编制及时率 = $\dfrac{\text{及时编制的生产计划数}}{\text{考核期编制的生产计划总数}} \times 100\%$
	生产计划完成率	生产计划完成率 = $\dfrac{\text{实际完成的生产任务}}{\text{计划完成的生产任务}} \times 100\%$
	生产调度出错次数	考核调度人员在生产调度过程中的错误调度次数
	生产排程准确率	生产排程准确率 = $\dfrac{\text{排程准确的工单数}}{\text{排程工单总数}} \times 100\%$
生产任务	紧急订单完成率	紧急订单完成率 = $\dfrac{\text{紧急订单完成数}}{\text{紧急订单接单总数}} \times 100\%$
	有效工时利用率	有效工时利用率 = $\dfrac{\text{有效工时}}{\text{制度工时}} \times 100\%$
	产量定额完成率	产量定额完成率 = $\dfrac{\text{实际完成的产品数}}{\text{产量定额}} \times 100\%$
	交期完成率	交期完成率 = $\dfrac{\text{准时交货的产品指次数}}{\text{应交货总批次数}} \times 100\%$
	废料率	废料率 = $\dfrac{\text{生产产生的废料数量}}{\text{投入生产的材料总量}} \times 100\%$
	产能利用率	产能利用率 = $\dfrac{\text{实际产出}}{\text{设计产能}} \times 100\%$
生产设备	设备完好率	设备完好率 = $\dfrac{\text{设计完好台数}}{\text{设备总台数}} \times 100\%$
	设备利用率	设备利用率 = $\dfrac{\text{实际开动时间}}{\text{设备总工作时间}} \times 100$
	设备故障停机率	设备故障停机率 = $\dfrac{\text{故障停机台数}}{\text{设备应开动台数}} \times 100\%$
	设备故障修复率	设备故障修复率 = $\dfrac{\text{考核期内设备故障修复完成次数}}{\text{考核期内设备故障次数}} \times 100\%$
	设备修理计划完成率	设备修理计划完成率 = $\dfrac{\text{实际修理设备台数}}{\text{计划修理设备台数}} \times 100\%$
	设备保养计划完成率	设备保养计划完成率 = $\dfrac{\text{实际保养设备台数}}{\text{计划保养设备台数}} \times 100\%$

续表

考核项目	考核指标	计算公式/指标定义
生产安全	安全事故发生次数	考核期内发生的安全事故的总次数
	工伤事故率	工伤事故率 = $\dfrac{\text{考核期工伤总人数}}{\text{考核期员工总数}} \times 100\%$

4.2.3 技术部考核指标设计

技术部考核指标设计表见表4-5。

表4-5 技术部考核指标设计表

考核项目	考核指标	计算公式/指标定义
技术管理	技术改造计划完成率	技术改造计划完成率 = $\dfrac{\text{完成的技术改造项目数}}{\text{计划完成的技术改造项目数}} \times 100\%$
	重大技术改造项目完成数	即在考核期内攻关完成的重大技术改造项目的个数
	技术依存度	技术依存度 = $\dfrac{\text{技术引进费用}}{\text{技术研发费用}} \times 100\%$
费用管理	技术改造费	技术改造经费比重 = $\dfrac{\text{技术改造费用}}{\text{产品销售收入}} \times 100\%$
技术支持	技术故障率	技术故障率为在技术应用过程中,因技术原因出现故障的比例
	技术服务满意率	技术服务满意率 = $\dfrac{\text{满意的技术服务次数}}{\text{技术服务总次数}} \times 100\%$
技术资料管理	技术资料完整性	技术资料有无缺失、遗漏

4.2.4 研发部考核指标设计

研发部考核指标设计表见表4-6。

表4-6 研发部考核指标设计表

考核项目	考核指标	计算公式/指标定义
研发项目管理	新产品开发数量	新产品开发数量指考核期内完成的新产品开发数量
	新产品开发计划完成率	新产品开发计划完成率 = $\dfrac{\text{某一时间内成功开发新产品数量}}{\text{某一时期内计划开发新产品数量}} \times 100\%$
	新产品开发周期	新产品开发周期指产品从通过立项评审到产品通过公司样机鉴定之间的时间间隔

续表

考核项目	考核指标	计算公式/指标定义
研发费用管理	研发费用超支率	研发费用超支率 = $\dfrac{项目实际发生费用 - 项目预算金额}{项目预算金额} \times 100\%$
技术支持	技术问题解决率	技术问题解决率指考核期内解决的技术问题占全部技术问题的比例
	技术支持满意度	技术支持满意度 = $\dfrac{满意客户人数}{被调查客户人数} \times 100\%$
研发资料管理	研发资料完整性	研发资料有无缺失、遗漏

4.2.5 市场部考核指标设计

市场部绩效考核指标包括市场信息收集准确率、市场调研计划完成率、市场分析报告制定及时率、产品策划方案制定及时率等，具体如表 4-7 所示。

表4-7 市场部绩效考核指标设计

考核项目	考核指标	计算公式/指标定义
市场调研	市场信息收集及时、准确	市场信息收集工作是否在规定时间内完成、内容是否准确
	市场调研计划完成率	市场调研计划完成率 = $\dfrac{实际完成的市场调研项目数}{计划完成的市场调研项目数} \times 100\%$
	市场调研报告制订及时率	市场分析报告制订及时率 = $\dfrac{及时制订的市场分析报告数}{须制订的市场分析报告数} \times 100\%$
市场推广	市场占有率	市场占有率 = $\dfrac{当期企业某种产品的销售额}{当期该产品市场销售总额} \times 100\%$
	市场推广方案制订及时率	市场推广方案制订及时率 = $\dfrac{及时制订的市场推广活动方案数}{考核期须制订的市场活动方案数} \times 100\%$
	市场推广活动销售增长率	推广活动销售增长率 = $\dfrac{推广期的销售额 - 上期该商品的销售额}{上期该商品的销售额} \times 100\%$
	市场推广计划完成率	市场推广计划完成率 = $\dfrac{实际完成量}{市场推广计划完成量} \times 100\%$
	广告投放有效率	广告投放有效率 = $\dfrac{销售收入增长率}{广告费用增长率} \times 100\%$

续表

考核项目	考核指标	计算公式/指标定义
市场活动	市场活动次数	考核期内市场部开展的市场活动总次数
	促销活动销售增长率	促销活动销售增长率 = $\dfrac{\text{促销期的销售额} - \text{上期该商品的销售额}}{\text{上期该商品的销售额}} \times 100\%$
	公关活动计划执行率	公关活动计划执行率 = $\dfrac{\text{实际执行的公关活动数}}{\text{计划执行的公关活动数}} \times 100\%$

4.2.6 销售部考核指标设计

销售部考核指标设计表见表 4-8。

表4-8 销售部考核指标设计表

考核项目	考核指标	计算公式/指标定义
销售计划	销售计划提交及时率	销售计划提交及时率 = $\dfrac{\text{及时提交的销售计划数量}}{\text{考核期须提交的销售计划数量}} \times 100\%$
	销售计划完成率	销售计划完成率 = $\dfrac{\text{营销实际完成的销售额}}{\text{营销计划销售额}} \times 100\%$
销售任务	销售额	考核期内全部销售收入总额
	销售量	考核期内全部销售数量总额
	销售增长率	销售增长率 = $\dfrac{\text{当期销售量} - \text{上期销售量}}{\text{上期销售量}} \times 100\%$
	销售净利率	销售净利率 = $\dfrac{\text{净利润}}{\text{销售收入}} \times 100\%$
	销售费用率	销售费用率 = $\dfrac{\text{销售费用}}{\text{销售收入}} \times 100\%$
	销售合同履约率	销售合同履约率 = $\dfrac{\text{已履约的合同金额}}{\text{全部销售合同金额}} \times 100\%$
	销售报表提交及时率	销售报表提交及时率 = $\dfrac{\text{考核期实际提交的销售报表数量}}{\text{考核期应提交的销售报表总数量}} \times 100\%$
销售账款	销售回款率	销售回款率 = $\dfrac{\text{当月实际回款金额}}{\text{当月计划合同回款金额} + \text{往期应收欠款}} \times 100\%$
	逾期账款率	逾期账款率 = $\dfrac{\text{考核期末逾期账款}}{\text{应收账款总额}} \times 100\%$
	坏账率	坏账率 = $\dfrac{\text{坏账损失}}{\text{主营业务收入}} \times 100\%$

续表

考核项目	考核指标	计算公式/指标定义
客户管理	客户保持率	客户保持率 = $\dfrac{当期客户数 - 当期新增客户数}{上期客户数} \times 100\%$
	客户增长率	客户增长率 = $\dfrac{当期客户数 - 上期客户数}{上期客户数} \times 100\%$
	大客户保有率	大客户保有率 = $\left(1 - \dfrac{考核期流失的大客户数量}{考核期大客户平均数量}\right) \times 100\%$
	客户意见反馈及时率	客户意见反馈及时率 = $\dfrac{在规定的时间内反馈客户意见次数}{需要反馈客户意见总次数} \times 100\%$
	客户投诉处理及时率	客户投诉处理及时率 = $\dfrac{及时处理投诉次数}{投诉总次数} \times 100\%$
	客户投诉解决满意率	客户投诉处理满意率 = $\dfrac{客户对处理结果满意的投诉数量}{投诉总次数} \times 100\%$
	客户满意率	客户满意率 = $\dfrac{满意的客户数}{调查的客户总数} \times 100\%$
	客户回访率	客户回访率 = $\dfrac{实际回访的客户数量}{客户总数量} \times 100\%$

4.2.7 项目部考核指标设计

项目部考核指标设计表见表4-9。

表4-9 项目部考核指标设计表

考核项目	考核指标	计算公式/指标定义
项目进度管理	项目计划按时完成率	项目计划按时完成率 = $\dfrac{实际按时完成项目工作量}{项目计划工作量} \times 100\%$
项目成本费用管理	项目成本降低率	项目成本降低率 = $1 - \dfrac{实际项目成本}{预算项目成本} \times 100\%$
	项目费用控制率	项目费用控制率 = $\dfrac{项目实际费用额}{项目费用预算} \times 100\%$
项目技术质量管理	项目技术质量标准制定的完善度和合理性	项目技术质量标准制定完善、要求合理
	项目质量合格率	项目质量合格率 = $\dfrac{合格项目数}{总项目数} \times 100\%$
	工程技术资料归档率	工程技术资料归档率 = $\dfrac{工程技术资料实际归档数}{工程技术资料应归档总数} \times 100\%$

续表

考核项目	考核指标	计算公式/指标定义
项目安全管理	安全事故发生次数	考核期内由于管理不善造成项目安全事故发生次数
	重大技术安全事故	由于技术不达标或技术不完善造成重大技术安全事故次数

4.2.8 财务部考核指标设计

财务部考核指标设计表见表4-10。

表4-10 财务部考核指标设计表

考核项目	考核指标	计算公式/指标定义
资金管理	经营性现金流	经营性现金流=经营性现金流入额－经营性现金流出额
	投资项目收入	投资项目业务所获得的收入额
	投资收益率	投资收益率=$\dfrac{投资收益}{投资成本}\times 100\%$
	应收账款回收率	应收账款回收率=$\dfrac{应收账款收回额}{应收账款占用及发生额}\times 100\%$
	资金供应延迟次数	资金供应延迟次数指考核期内资金未能及时满足企业运营需要的次数
成本费用管理	成本费用目标完成率	成本费用目标完成率=$\dfrac{实际成本费用额}{预算成本费用额}\times 100\%$
	财务费用降低率	财务费用降低率=$\dfrac{财务费用降低额}{财务费用预算额}\times 100\%$
账务处理及报表编制	账务处理及时率	账务处理及时率=$\dfrac{账务及时处理次数}{财务处理总次数}\times 100\%$
	财务报表编制及时、准确性	及时:资产负债表、现金流量表、利润表等按规章制度在规定时间内编制 准确:资产负债表、现金流量表、利润表数据都准确，无多计、漏计、重计
	财务分析报告及时、准确性	财务分析报告按规章制度在规定时间内编制，并且每项数据都准确，无多计、漏计、重计

4.2.9 行政部考核指标设计

行政部考核指标设计表见表4-11。

表4-11　行政部考核指标设计表

考核项目	考核指标	计算公式/指标定义
文书档案管理	文件处理及时率	文件处理及时率 = $\dfrac{\text{在规定时间内完成的文件数}}{\text{在规定时间内应完成的文件数}} \times 100\%$
	文件资料归档率	文件资料归档率 = $\dfrac{\text{实际归档项数}}{\text{应归档项数}} \times 100\%$
会议管理	会议组织满意度评分	会议组织满意度评分即对会议组织满意度调查反馈情况
	会议纪要完整率	会议纪要完整率 = $\dfrac{\text{完整的会议纪要份数}}{\text{会议纪要总份数}} \times 100\%$
行政后勤管理	办公设备完好率	办公设备完好率 = $\dfrac{\text{完好设备台数}}{\text{设备总台数}} \times 100\%$
	服务响应时间	服务响应时间即从接到客户的服务请求开始到立刻着手处理问题的这段时间
行政费用管理	行政后勤费用	行政后勤费用即在行政后勤方面费用支出的情况

4.2.10　电子商务部考核指标设计

电子商务部考核指标设计表见表4-12。

表4-12　电子商务部考核指标设计表

考核项目	考核指标	计算公式/指标定义
运营管理	网店访问量	在考核期内，网店被客户浏览次数
	网店成交额	在考核期内，电商平台成交的金额
	客单价	客单价 = $\dfrac{\text{网站成交额}}{\text{成交人数}}$
	成交转换率	成交转换率 = $\dfrac{\text{成交人数}}{\text{访问人数}} \times 100\%$
	客户平均停留时长	客户平均停留时长 = $\dfrac{\text{客户停留总时长}}{\text{访问人数}} \times 100\%$
客服管理	客服响应及时性	在线客服人员需要在规定时间内及时响应
	客户服务差评次数	通过在线客服平台获得客户服务的差评次数
	客户咨询转换率	客户咨询转换率 = $\dfrac{\text{咨询成交人员}}{\text{客户咨询人总数}} \times 100\%$

续表

考核项目	考核指标	计算公式/指标定义
客服管理	退换货率	退换货率 = $\dfrac{\text{退换货数量}}{\text{订单数量}} \times 100\%$
	退款率	退款率 = $\dfrac{\text{退款额}}{\text{网站总成交额}} \times 100\%$
页面设计	设计按时完成率	设计按时完成率 = $\dfrac{\text{按时完成设计项目数}}{\text{计划设计项目总数}} \times 100\%$
	设计通过率	设计通过率 = $\dfrac{\text{设计通过的项目数}}{\text{计划设计项目总数}} \times 100\%$
	页面点击率	页面点击率 = $\dfrac{\text{网站点击量}}{\text{网站浏览量}} \times 100\%$
	成交转换率	成交转换率 = $\dfrac{\text{成交人数}}{\text{访问人数}} \times 100\%$
	设计资料及时归档率	设计资料及时归档率 = $\dfrac{\text{及时归档的设计资料份数}}{\text{设计资料总份数}} \times 100\%$
产品编辑	产品编辑更新及时率	产品编辑更新及时率 = $\dfrac{\text{及时更新产品资料数}}{\text{需要编辑更新产品资料数}} \times 100\%$
	网店内容出错次数	电商平网店上的产品信息和广告文字的等信息内容出现错误的次数

4.2.11 物流配送部考核指标设计

物流配送部考核指标设计表见表4-13。

表4-13 物流配送部考核指标设计表

考核项目	考核指标	计算公式/指标定义
运输管理	运输任务完成率	运输任务完成率 = $\dfrac{\text{实际运输的货物数量}}{\text{计划运输的货物数量}} \times 100\%$
	运输货损率	运输货损率 = $\dfrac{\text{运输中损坏的货物数量}}{\text{运输的货物数量}} \times 100\%$
	运输事故发生次数	考核期内,由于运输不当造成的事故发生次数
	车辆满载率	车辆满载率 = $\dfrac{\text{考核期内实运货物重量}}{\text{车辆核定载重} \times \text{运输次数}} \times 100\%$
	车辆完好率	车辆完好率 = $\dfrac{\text{考核期内每天完好车辆数之和}}{\text{营运车辆总数} \times \text{考核期天数}} \times 100\%$

续表

考核项目	考核指标	计算公式/指标定义
配送管理	配送任务完成率	配送任务完成率 = $\dfrac{实际配送的货物数量}{计划配送的货物数量} \times 100\%$
	配送差错率	配送差错率 = $\dfrac{配送出现差错的次数}{配送货物总次数} \times 100\%$
	货物破损率	货物破损率 = $\dfrac{损坏的货物数量}{货物数量} \times 100\%$
	签收单返回率	签收单返回率 = $\dfrac{返回的签收单数量}{签收单数量} \times 100\%$
	货款回收率	货款回收率 = $\dfrac{回收货款数量}{需回收货款数量} \times 100\%$
	客户投诉次数	客户对配送人员的服务态度、服务质量不满意所进行的投诉次数
调度管理	调度任务按时完成率	调度任务按时完成率 = $\dfrac{实际调度的次数}{计划调度的次数} \times 100\%$
	货物准时送达率	货物准时送达率 = $\dfrac{准时送达的货物件数}{当期应送达的货物总件数} \times 100\%$
	货物送达准确率	货物送达准确率 = $\dfrac{准确送达的货物件数}{当期应送达的货物总件数} \times 100\%$
	运力利用率	运力利用率 = $\dfrac{实际耗用运力}{实际总运力} \times 100\%$

4.2.12 软件开发部考核指标设计

软件开发部考核指标设计表见表 4-14。

表4-14 软件开发部考核指标设计表

考核项目	考核指标	计算公式/指标定义
软件开发	软件开发按时完成率	软件开发按时完成率 = $\dfrac{实际设计周期}{计划设计周期} \times 100\%$
	缺陷密度	缺陷密度 = $\dfrac{缺陷数量}{代码行或功能点的数量}$
	程序编码的规范性	软件开发人员需要确保软件程序编码符合规范
	文档编写的规范性	软件开发人员需要确保相关文档编写符合规范

续表

考核项目	考核指标	计算公式/指标定义
软件测试	软件需求覆盖率	软件需求覆盖率 = $\dfrac{\text{软件测试需求覆盖项目}}{\text{软件测试需求项目}} \times 100\%$
	测试进度按时完成率	测试进度按时完成率 = $\dfrac{\text{实际测试用时}}{\text{计划测试用时}} \times 100\%$
	软件测试文档的规范性	测试文档符合编写规范
	软件测试用例有效率	软件测试用例有效率 = $\dfrac{\text{软件测试有效用例数}}{\text{软件测试用例数}} \times 100\%$
	漏测率	漏测率 = $\dfrac{\text{漏测 Bug 数}}{\text{Bug 总数}} \times 100\%$

4.2.13 人力资源部考核指标设计

人力资源部考核指标设计表见表 4-15。

表4-15 人力资源部考核指标设计表

考核项目	考核指标	计算公式/指标定义
招聘管理	招聘计划完成率	招聘计划完成率 = $\dfrac{\text{实际招聘到岗人数}}{\text{计划需求人数}} \times 100\%$
	招聘广告发布及时率	招聘广告发布及时率 = $\dfrac{\text{及时发布的招聘广告数}}{\text{发布的广告总数}} \times 100\%$
	招聘空缺职位平均时间	相关招聘岗位员工离职到新员工到岗所经历的时间
	应聘比率	应聘比率 = $\dfrac{\text{应聘人数}}{\text{计划招聘人数}} \times 100\%$
	人才适岗率	人才适岗率 = $\dfrac{\text{录用人员胜任工作人数}}{\text{实际录用人数}} \times 100\%$
	招聘费用预算达成率	招聘费用预算达成率 = $\dfrac{\text{实际招聘费用}}{\text{招聘费用预算}} \times 100\%$
培训管理	培训计划完成率	培训计划完成率 = $\dfrac{\text{实际完成的培训项目数(次数)}}{\text{计划培训的项目数(次数)}} \times 100\%$
	培训考核达标率	培训考核达标率 = $\dfrac{\text{培训考核达标人数}}{\text{培训的总人数}} \times 100\%$
	培训投资回报率	培训投资回报率 = $\dfrac{\text{培训项目收益}}{\text{培训项目成本}} \times 100\%$

续表

考核项目	考核指标	计算公式/指标定义
绩效考核	绩效考核计划按时完成率	绩效考核计划按时完成率 = $\dfrac{\text{按时完成的绩效考核工作}}{\text{绩效考核计划工作总量}} \times 100\%$
	绩效数据差错率	绩效数据差错率 = $\dfrac{\text{核查有误的数据}}{\text{考核数据总数}} \times 100\%$
	绩效考核申诉处理及时率	绩效考核申诉处理及时率 = $\dfrac{\text{及时处理的绩效考核申诉次数}}{\text{绩效考核申诉总次数}} \times 100\%$
	绩效评估报告提交及时率	绩效评估报告提交及时率 = $\dfrac{\text{及时提交的绩效评估报告数}}{\text{应提交的绩效评估报告总数}} \times 100\%$
薪酬管理	薪酬核算及时性	每月按时完成工资、福利、津贴补贴等的核算工作
	薪酬核算差错次数	即指计算出错的次数
	薪酬异议处理及时率	薪酬异议处理及时率 = $\dfrac{\text{及时处理薪酬异议次数}}{\text{提出薪酬异议的总次数}} \times 100\%$
	人均人工成本	人均人工成本 = $\dfrac{\text{薪酬总额}}{\text{员工总人数}} \times 100\%$
	有效薪酬建议条数	根据企业发展状况和企业薪资水平,提出有效的薪酬建议
员工关系管理	合同管理出错次数	在考核期内,合同签订、续签、保管等工作出错次数
	员工提供建议率	员工提供建议率 = $\dfrac{\text{所提的建议数目}}{\text{员工总数}} \times 100\%$
	劳动纠纷处理及时率	劳动纠纷处理及时率 = $\dfrac{\text{及时处理的劳动纠纷数}}{\text{需处理的劳动纠纷总数}} \times 100\%$
	员工满意率	员工满意率 = $\dfrac{\text{员工满意数量}}{\text{调查员工数量}} \times 100\%$

4.3 人员考核指标设计

4.3.1 采购员考核指标设计

采购员考核指标设计图见图 4-6。

图 4-6 采购员考核指标设计图

4.3.2 班组长考核指标设计

班组长考核指标设计图见图 4-7。

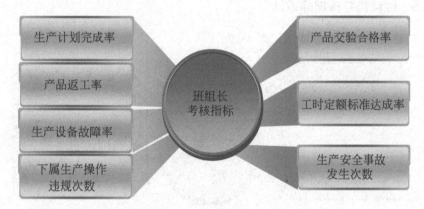

图 4-7 班组长考核指标设计图

4.3.3 技术员考核指标设计

技术员考核指标设计图见图 4-8。

图 4-8 技术员考核指标设计图

4.3.4 施工员考核指标设计

施工员考核指标设计图见图4-9。

图4-9 施工员考核指标设计图

4.3.5 材料员考核指标设计

材料员考核指标设计图见图4-10。

图4-10 材料员考核指标设计图

4.3.6 网店客服考核指标设计

网店客服考核指标设计图见图4-11。

图4-11 网店客服考核指标设计图

第 5 章

绩效管理流程制度设计

5.1 绩效管理流程设计

5.1.1 绩效计划管理流程设计

绩效计划管理流程			编　　号	
执行部门		监督部门	受控状态	
流程设计指南	绩效计划是绩效管理实施的书面指导，是企业开展绩效管理的依据及首要环节。绩效计划管理的过程实际上就是计划编制、组织实施与计划调整的过程。			

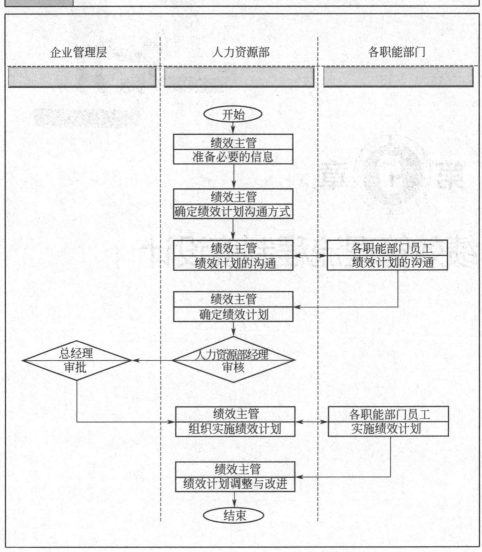

5.1.2 绩效评估管理流程设计

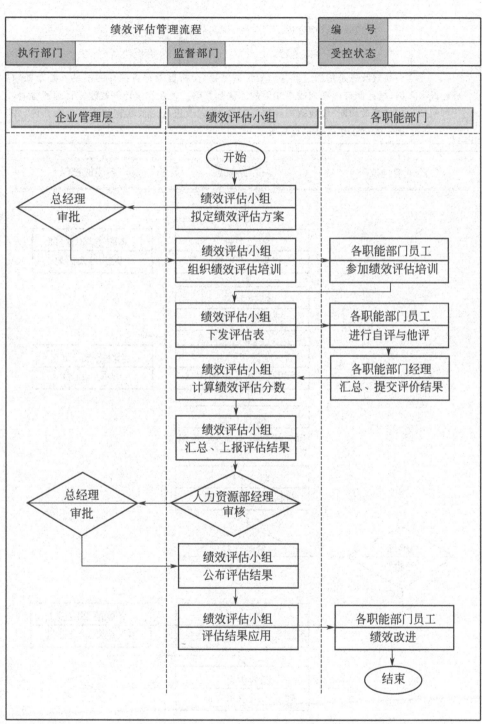

5.1.3 绩效改进管理流程设计

绩效改进管理流程		编　号	
执行部门	监督部门	受控状态	
流程设计指南	绩效改进是指通过确认绩效评估结果，分析被考评者存在的不足和差距的原因，据此制订一系列改进绩效的方法和策略。企业在设计绩效改进管理流程时，应将绩效诊断、绩效改进计划的制订、绩效改进计划的实施与评价考虑在内，并确定各项工作由谁来负责等。		

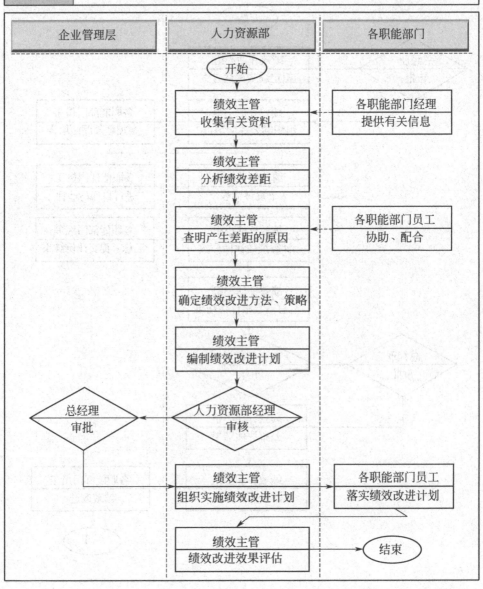

5.2 绩效管理制度设计

绩效管理制度是企业开展绩效评估工作的依据,是企业程序化、规范化管理的前提。

5.2.1 绩效制度种类设计

绩效管理制度是企业基于战略目标而对企业、部门、员工绩效进行考核和管理的规范和准则。绩效管理制度的种类设计因划分标准的不同而有所差异,具体如下所示。

(1) 按类别划分

绩效制度按类别来划分,主要可分为如表5-1所示的三类。

表5-1 绩效制度的类别表

类别	具体内容
制度	制度是企业制定的要求相关部门及员工在执行绩效考核与管理时共同遵守的准则及行为规范
办法	办法是对绩效考核有关工作、事项的具体实施提出切实可行的措施,侧重于可操作性
细则	细则是为实施"办法"作详细、具体解释或补充的规定,起具体说明和指导的作用

(2) 按层次划分

按照绩效制度的层次,绩效制度又可分为企业绩效管理制度、部门绩效管理制度、员工绩效管理制度这三个级别。具体如图5-1所示。

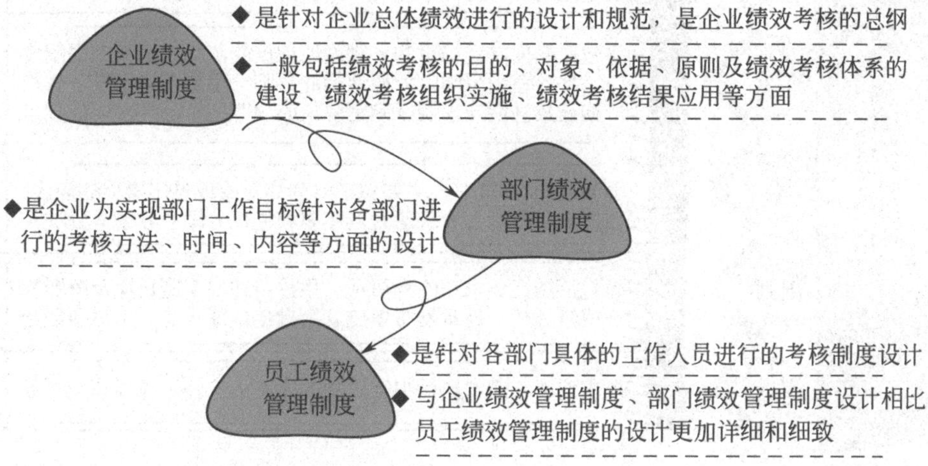

企业绩效管理制度
◆ 是针对企业总体绩效进行的设计和规范,是企业绩效考核的总纲
◆ 一般包括绩效考核的目的、对象、依据、原则及绩效考核体系的建设、绩效考核组织实施、绩效考核结果应用等方面

部门绩效管理制度
◆ 是企业为实现部门工作目标针对各部门进行的考核方法、时间、内容等方面的设计

员工绩效管理制度
◆ 是针对各部门具体的工作人员进行的考核制度设计
◆ 与企业绩效管理制度、部门绩效管理制度设计相比,员工绩效管理制度的设计更加详细和细致

图5-1 企业三级绩效制度

5.2.2 绩效制度编制方法

绩效制度的编制方法主要有五种，具体如图5-2所示。

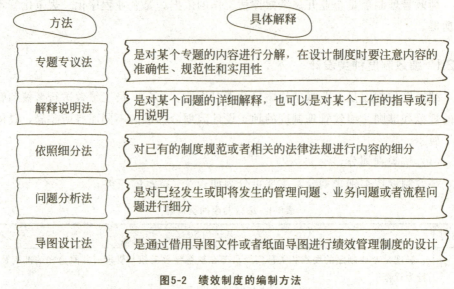

图5-2 绩效制度的编制方法

5.2.3 绩效制度框架设计

绩效制度的框架结构通常采用"一般规定—具体制度—附则"的模式，一个

图5-3 绩效管理制度的框架图

规范、完成的绩效制度一般包括制度名称、总则/通则、正文/分则、附则与落款、附件这五大部分。具体绩效管理制度的框架如图 5-3 所示。

5.2.4 绩效制度设计步骤

企业在设计绩效管理制度时，应遵循相应的步骤，循序渐进地开展制度设计工作。具体而言，绩效管理制度设计的步骤如图 5-4 所示。

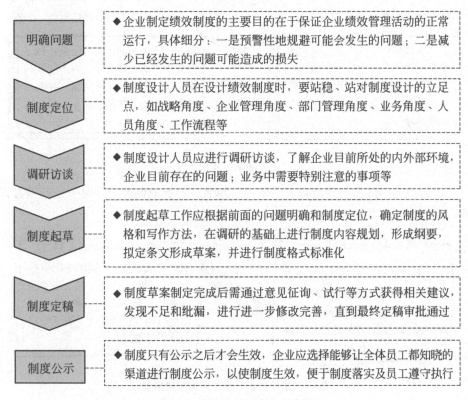

图5-4 绩效管理制度设计步骤

5.2.5 绩效管理制度推行

绩效制度一经制定，就要为企业的运营和发展服务，而非束之高阁。在推行绩效制度的过程中，企业应重点做好以下两大事项。

（1）做好绩效制度的公示工作

绩效制度经批准后，企业应当以适当的方式向全体员工公示，以使制度自公示之日起生效，也便于员工遵守执行。

一般来说，常用的绩效制度公示方式有 4 种。企业可根据实际情况选择运用合适的公示方式，具体如图 5-5 所示。

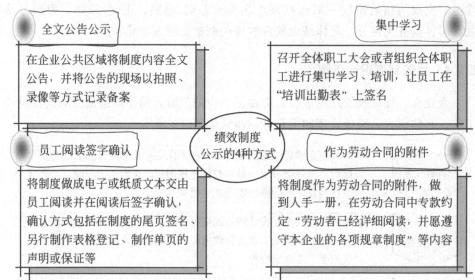

图5-5 绩效制度公示的4种方式

作为企业的经营管理者或人力资源管理者,在绩效制度公示时一定要细心谨慎,务必要严格注意以下两大事项,具体如图5-6所示。

图5-6 绩效制度公示注意事项说明图

(2) 严格贯彻执行绩效制度

管理制度的生命力在于贯彻执行。有制度不执行或执行不严明,则制度形同虚设。具体来说,企业在贯彻执行绩效制度时,必须建立完善的制度执行机制,明确绩效制度执行的要求,及时跟踪制度落实情况并对未能有效执行的绩效制度进行分析与解决处理。

① 建立完善的制度执行机制,建立制度执行的监督机制。监督机制是对企业绩效制度执行情况的督察,是绩效制度有效执行的基础。企业应加强监督检查,做到责任层级清晰化,层层落实,各负其责,确保绩效制度执行的到位。

建立制度执行的奖惩机制。绩效制度执行的奖惩原则是:坚持实事求是;坚持有错必究,处罚与责任相适应,教育与处罚相结合;坚持奖励公平、公正有导向作用的原则。

②明确绩效制度执行的要求，主要有三个，即及时性、完整性和真实性，具体要求如图5-7所示。

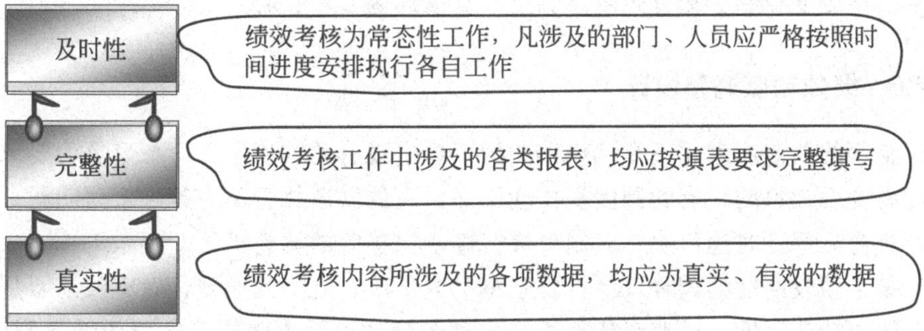

及时性　绩效考核为常态性工作，凡涉及的部门、人员应严格按照时间进度安排执行各自工作

完整性　绩效考核工作中涉及的各类报表，均应按填表要求完整填写

真实性　绩效考核内容所涉及的各项数据，均应为真实、有效的数据

图5-7　绩效制度执行的三大要求

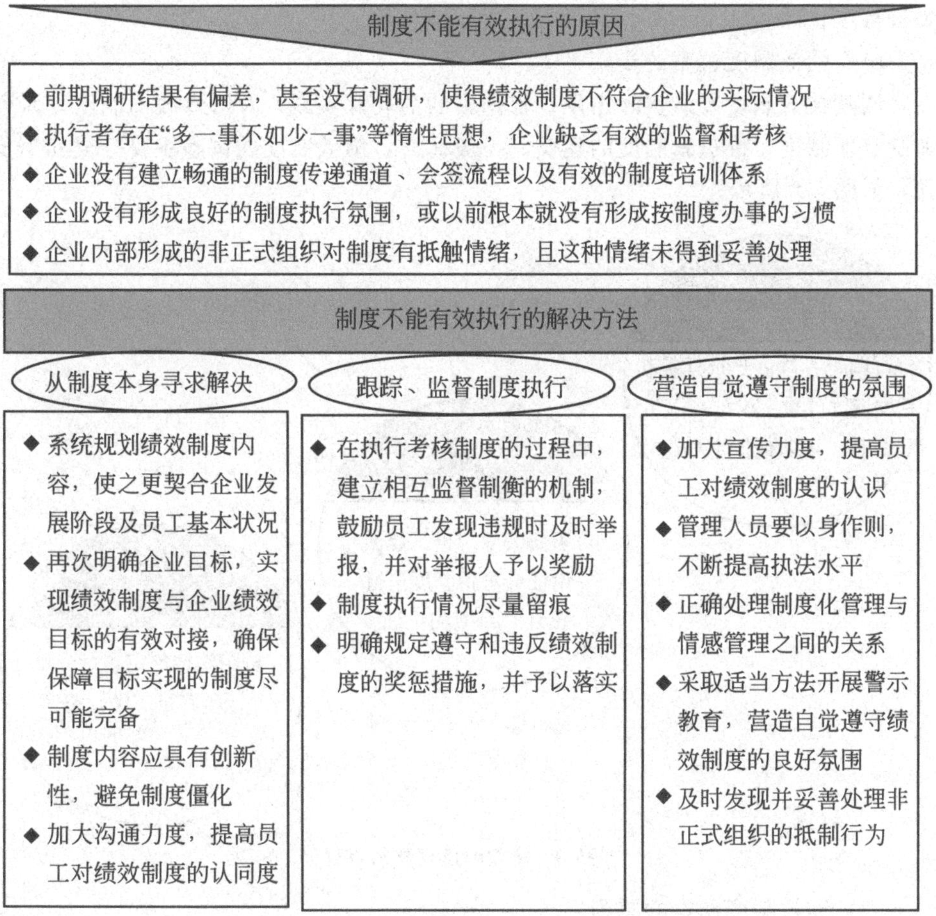

制度不能有效执行的原因

◆ 前期调研结果有偏差，甚至没有调研，使得绩效制度不符合企业的实际情况
◆ 执行者存在"多一事不如少一事"等惰性思想，企业缺乏有效的监督和考核
◆ 企业没有建立畅通的制度传递通道、会签流程以及有效的制度培训体系
◆ 企业没有形成良好的制度执行氛围，或以前根本就没有形成按制度办事的习惯
◆ 企业内部形成的非正式组织对制度有抵触情绪，且这种情绪未得到妥善处理

制度不能有效执行的解决方法

从制度本身寻求解决	跟踪、监督制度执行	营造自觉遵守制度的氛围
◆ 系统规划绩效制度内容，使之更契合企业发展阶段及员工基本状况 ◆ 再次明确企业目标，实现绩效制度与企业绩效目标的有效对接，确保保障目标实现的制度尽可能完备 ◆ 制度内容应具有创新性，避免制度僵化 ◆ 加大沟通力度，提高员工对绩效制度的认同度	◆ 在执行考核制度的过程中，建立相互监督制衡的机制，鼓励员工发现违规时及时举报，并对举报人予以奖励 ◆ 制度执行情况尽量留痕 ◆ 明确规定遵守和违反绩效制度的奖惩措施，并予以落实	◆ 加大宣传力度，提高员工对绩效制度的认识 ◆ 管理人员要以身作则，不断提高执法水平 ◆ 正确处理制度化管理与情感管理之间的关系 ◆ 采取适当方法开展警示教育，营造自觉遵守绩效制度的良好氛围 ◆ 及时发现并妥善处理非正式组织的抵制行为

图5-8　绩效制度未能有效执行的原因及解决方法图

③ 寻求绩效制度未能有效执行的解决方法。企业在绩效制度的执行过程中若发生执行不到位、未贯彻执行的情况，管理人员或制度设计人员应在分析制度本身是否存在不能有效执行的基础上，从制度本身、制度执行情况的监督、推行制度的企业文化等方面寻求解决方法。具体如图 5-8 所示。

5.2.6 绩效制度调整设计

企业的绩效制度并不是一成不变的，会出现有的制度不适应新形势的要求达不到制度设计目的，有的制度操作性不强，有的制度执行不力等一系列问题。因此，企业需要适时地组织针对制度进行修改完善等的调整工作。

关于绩效制度的调整设计，要坚持"废、改、立"的原则，对实践证明是行之有效的绩效制度，要继续认真执行；对激励约束性不强或不完善的绩效制度，要认真修改，总结经验教训，抓好落实；对不符合企业发展战略和经营方向的，要进行废止。

(1) 绩效制度调整的步骤

调整绩效制度要从实际出发，根据新的需要和实践，及时修改旧制度，研究和制定新制度，推进新制度的建设。一般而言，绩效制度的调整主要分成三个步骤，如图 5-9 所示。

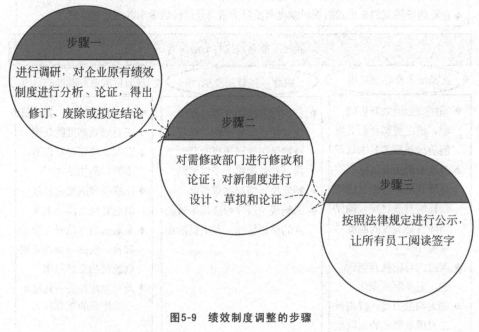

图5-9　绩效制度调整的步骤

(2) 绩效制度调整的原则

在调整绩效制度的过程中，要重点遵循以下五个方面的原则。

① 贴近市场环境特点，符合企业新的战略要求及管理方面的要求。
② 要充分发挥各项绩效制度对各部门及员工的激励约束作用。
③ 要强化各项工作的管理责任要求。
④ 尽量得到多数员工的认同及支持。
⑤ 要不断规范绩效制度汇编的格式，为下次制度再修订和今后的统稿工作划定标准。

5.3 绩效管理制度设计

绩效管理制度的设计内容如下所示。

5.3.1 公司绩效管理制度

下面为公司绩效考核制度范例，供读者参考。

公司绩效考核制度		编　号	
执行部门	监督部门	受控状态	
制度设计指南	公司绩效考核制度，主要用于建立与规范公司考核体系。在设计公司绩效考核制度时，企业应对考核细则、绩效考核组织实施、绩效反馈管理、绩效奖金激励、绩效申诉等予以规范，以营造公平、公开、公正的竞争机制，提高企业与个人的绩效。本绩效考核制度包含公司、部门、员工三个层面的绩效考核。		

第 1 章　总则

第 1 条　目的
1. 建立和完善公司人力资源管理体系和员工激励约束机制。
2. 对公司员工的工作进行客观、公正的评价，营造公平、公开、公正的竞争机制，促使公司形成良性的竞争环境。
3. 为晋升、薪酬发放与调整、工作改进、培训安排等工作事项提供可靠参考。

第 2 条　适用范围
本制度适用于除以下人员以外的公司所有员工。
1. 总经理：总经理的考核由董事会进行。
2. 因公休、请假等原因，考核期间出勤率不足 60% 的员工。
3. 试用期员工、实习人员、兼职人员。

第 3 条　绩效考核原则
1. 公平、公正、公开原则。
2. 以定量考核为主的原则。
3. 考核成绩以确认的事实或者可靠的材料为依据的原则。

续表

第 4 条　职责分工

1. 公司人力资源部是绩效考核的归口管理部门,负责绩效考核制度的制定与修订,各项考核工作的培训、指导与实施,考核结果的汇总与应用,考核申诉处理等。

2. 各部门负责人在人力资源部的协助下组织实施绩效考核工作,并帮助员工做好绩效改进工作。

第 2 章　绩效考核实施

第 5 条　明确考核期限

每年的 1 月 1 日～12 月 31 日。

第 6 条　明确考核周期

公司级、部门级、员工级的考核周期安排如下表所示。

考核周期安排表

考核周期 岗位层次	月度考核	季度考核	年度考核
公司级	—	—	对当年的绩效进行考核,考核时间为下一年度 1 月的 5～15 日,遇节假日顺延
部门级	—	对当季的绩效进行考核,考核时间为次季度第一个月的 1～5 日,遇节假日顺延	
员工层	对当月的绩效进行考核,考核时间为次月的 1～5 日,遇节假日顺延		

第 7 条　提取关键绩效指标

1. 提取公司级 KPI 指标。人力资源部根据公司的战略目标,结合与公司高层领导沟通的结果,通过运用头脑风暴法、鱼骨图分析法、关键因素分析法等多种方法,确定公司战略层面的关键绩效指标,即公司级 KPI 指标。公司级 KPI 指标总数不超过 10 个。

2. 提取部门级 KPI 指标。根据制定的公司级 KPI 指标,人力资源部与各部门领导一起讨论,确定部门级 KPI 指标。

3. 提取员工级 KPI 指标。部门级 KPI 指标制定后,各部门经理根据本部门 KPI 指标与部门内各员工的岗位职责,将部门 KPI 指标分摊到每个员工身上。

第 8 条　制定考核量表并进行培训

人力资源部在明确考核指标的基础上制定清晰的考核标准与考核量表,并对考核相关人员实施培训,以增强关键绩效指标考核的效果。

第 9 条　制订绩效考核计划

绩效计划应由各级主管和各级员工共同讨论,确定最终书面的"绩效计划表",并报送人力资源部审核,分管副总审批后存档备案。

第 10 条　绩效考核计划执行

1. 绩效计划制订后,员工的直接主管或部门负责人需对员工进行定期辅导,帮助员工提高工作业绩。

2.员工的直接主管(必要时也可是部门负责人)在平常的工作中要做好绩效记录,为考核评估及考核结果反馈提供依据。

3.考核者依据考核资料,对照考核量表,对被考核者进行客观、准确的评价。

第3章 绩效考核结果汇总与应用

第11条 考核结果汇总与公布

1.考核者对员工进行考核评估后,应定期将考核结果汇总表交到人力资源部。

2.人力资源部对考核结果进行汇总、统计,并将考核结果记入相关人员或部门的绩效档案。考核评估结果分为A、B、C、D四等,且呈正态分布。具体考核等级与考核等级分布情况如下表所示。

考核等级与考核等级分布表

考核评估等级	评分	考核等级分布
A	90(含)分以上	20%
B	75(含)~90分	50%
C	60(含)~75分	20%
D	60分以下	10%

3.人力资源部定期公布考核结果,并处理考核争议。

第12条 最终考核结果的沟通反馈

员工的直接主管(必要时也可是部门负责人)应将员工的工作表现反馈给员工。在反馈考核结果时,应坚持以下两个原则。

1.扣分必谈(反馈内容包括扣分原因、扣分多少、员工对此的进一步建议计划等)。

2.员工做得好的方面也要谈,以激励员工更好地工作。

第13条 考核结果应用

考核结果一般与员工的薪酬、奖金、职务升降、培训等事项挂钩。

第4章 绩效考核申诉与改进

第14条 绩效考核申诉有效期

绩效考核申诉有效期为绩效沟通反馈结束后的5个工作日之内,遇法定节假日可顺延。

第15条 绩效考核申诉流程

1.提出申诉:员工如对考核结果不满,可以采取书面形式向人力资源部提交绩效考核申诉表,填写清楚姓名、部门、申诉事项、申诉理由等。

2.申诉受理:人力资源部在接到员工申诉后,应在3个工作日内作出是否受理的答复。对于申诉事项无客观事实依据,仅凭主观臆断的申诉,人力资源部不予受理。

3.申诉处理:

(1)受理申诉事件后,人力资源部作为独立的第三方向申诉者直接上级的上级领导、申诉者直接上级和申诉者本人了解情况,对员工申诉内容进行调查核实。

(2)人力资源部将根据核实结果,与该员工所在部门的经理、员工本人三方共同协商并寻求解决纠纷的办法。

(3)在三方达成一致协议后,三方进行签字确认,人力资源部将申诉解决结果报人力资源总监审批。

第16条 绩效考核改进

员工的直接主管(必要时也可是部门负责人)应与员工针对绩效薄弱环节,制订绩效改进计划,并监督其落实。在落实过程中,员工的直接主管或部门负责人应给予一定的协助或指导。

第5章 附则

第17条 本制度由人力资源部负责编制,其解释权亦归人力资源部所有。

第18条 公司需结合薪酬福利的相关制度、各岗位绩效考核实施细则等实施本制度。

第19条 本制度经总经理批准后,自____年__月__日起实施。

编制日期		审核日期		批准日期	
修改标记		修改处数		修改日期	

5.3.2 项目部绩效考核细则

下面为项目部绩效考核细则范例,供读者参考。

第1条 目的

为了对项目部进行有效考核,提高项目部人员的工作积极性和工作效率,特制定本考核细则。

第2条 适用范围

本考核细则适用于整个项目的考核。

第3条 考核方式

1. 项目部的主要绩效考核指标以关键绩效指标考核和关键事件考核的方式结合进行。

2. 关键事件包括两类事件:积极事件和消极事件。对积极事件的发生采取额外加分的形式,对消极事件的发生采取减分的形式。加减分的标准按事件发生的轻重程度,分别给予不同程度的加分和减分。

第4条 考核内容

项目部考核内容主要包括:安全生产、质量控制、文明施工、工程进度、材料使用、成本控制等方面的内容。

第5条 安全生产考核细则(20分)

1. 否决项:出现重大安全事故不得分。

2. 加分项:当月安全无事故,加5分。

3. 考核标准:

(1)项目部未执行安全管理各项制度,安全教育、安全检查、安全交底制度未严格执行,每项扣5分。

(2)每发生一起安全事故扣5分,发生较大安全事故扣10分。

(3)安全技术措施针对性不强,存在隐患,每处扣3分。

(4)安全防护措施不得力、安全用品不合格,每处扣5分。

(5)发现安全隐患问题____小时内未采取有效措施整改,每次扣5分。

续表

第 6 条 质量控制考核细则(20 分)

1. 否决项:每发生一起重大质量事故不得分。
2. 加分项:当月无质量事故,加 5 分。
3. 考核细则:

(1)质量合格率考核得分＝当月质量合格率×标准分,每降低____个百分点,扣 5 分。
(2)项目部未执行质量管理制度或未严格执行,每项扣 5 分。
(3)质量技术方案针对性不强,质量保证措施不得力,每处扣 3 分。
(4)每发生一起一般质量事故扣 2 分,较大质量事故每次扣 5 分。

第 7 条 文明施工考核细则(10 分)

标志牌、场容场貌、材料堆放、作业面、工完场清、三防(防火、防爆、防毒)等符合规定,日常检查每发现一处不合格扣 1 分。

第 8 条 工程进度考核细则(20 分)

1. 否决项:工程进度耽误,给公司造成严重影响的,不得分。
2. 加分项:工程项目按月完成进度计划,并且每提前 1 天,加 1 分。
3. 考核细则:

(1)项目进度计划制订不合理,每次扣 3 分。
(2)未制订进度计划或制订计划未及时上报,每次扣 5 分。
(3)未完成进度计划,由于项目部管理原因每拖延 1 天,扣 3 分,其他原因酌情扣分。

第 9 条 材料使用(10 分)

1. 项目部未执行材料管理制度或未严格执行材料采购、进出库、存放制度,每项扣 5 分。
2. 材料计划、库房管理、材料裁切审批、材料使用、现场管理等制度执行不彻底,每次扣 2 分。
3. 材料采购未按程序进行,每次扣 5 分。
4. 未执行限额领料或材料裁切审批制度,每项扣 5 分。
5. 材料使用现场浪费严重或材料采购出现以次充好、以权谋私另外依照公司制度予以处理。

第 10 条 成本控制(20 分)

1. 成本控制得分 $= \dfrac{完成产值-成本支出}{成本支出} \times 标准分$。

2. 项目部未执行成本管理、分包结算制度,每项扣 5 分。
3. 项目部未按时完成产值上报公司,每次扣 3 分。
4. 项目部材料消耗报表未按时上报公司,每次扣 3 份。

第 11 条 本细则由人力资源部和项目部联合制定,其解释权归人力资源部所有。

第 12 条 本细则至颁布之日起有效。

5.3.3 电商部绩效考核细则

下面为电商部绩效考核细则范例,供读者参考。

第1条 目的

为了加强电子商务部的整体工作效率和工作质量,提高部门成员的整体职业水平,以及提升电子商务平台内容含金量,激励成绩突出的员工,鞭策落后员工,特制定本考核细则。

第2条 适用范围

本细则适用于电子商务部部门的考核。

第3条 考核方法

1. 考核以每月考评的方式,考核采用百分制计分。
2. 电子商务部以店铺为单位进行考核,店铺营业额的____%作为绩效考核分红。

第4条 考核内容

电子商务部主要的考核内容包括销售任务、网站运营、在线客服、网站设计4个方面。

第5条 销售任务(30分)

当月任务完成率:每月的业绩达标比例=$\frac{实际完成销售任务}{计划完成销售任务}×100\%$,考核标准为100%,每低于5%扣除该项2分。

第6条 网站运营(25分)

1. 询单人数比:询单人数比=$\frac{总的询单人数}{接待人数}×100\%$,目标为____%,每低5%扣____分。

2. 顾客下单率:顾客下单率=$\frac{当日下单人数}{询单人数}×100\%$,目标为____%,每低于5%扣____分。

3. 转化率:转化率=产生购买行为的客户人数/所有到达店铺的访客人数×100%,目标为____,每低5%扣____分。

第7条 在线客服(25分)

1. 在线客服回复率:在线客服回复率=$\frac{客户回复顾客咨询消息数量}{顾客咨询消息的数量}×100\%$,目标为100%,每低于5%扣3分。

2. 在线客服平均响应时间:客服及时回复顾客咨询的时间长度(以秒为单位),平均响应时间控制在10秒之内,每延迟____秒相应扣2分。

第8条 网站设计(20分)

1. 设计及时率:以设计项目分配设计时间为基准,设计任务每延迟1天,扣2分。
2. 设计通过率:以设计项目的通过比例为基准,每存在1项设计未通过,扣5分。
3. 设计日志:每天设计的页面及图片,整理成日志备份进行归档,每存在1份未及时备份归档的,扣3分。
4. 计划达成率:以设计人员计划设计稿件的实际完成情况为基准,目标为100%,每低于5%扣5分。

第9条 否决项

当月有严重违规违纪行为的,本期考核得0分。

第10条 本细则由人力资源部和电子商务部联合制定,其解释权归人力资源部所有。

第11条 本细则至颁布之日起有效。

5.3.4 软件开发部绩效考核细则

下面为软件开发部绩效考核细则范例,供读者参考。

第1条　目的

为了对软件开发部进行有效的绩效考核,以充分调动部门员工工作的积极性、主动性,提高工作效率,特制定本考核细则。

第2条　适用范围

本细则适用于软件开发部部门考核。

第3条　考核内容

软件开发部的考核内容包括项目可行性分析、软件设计、软件编程、软件测试和发布维护5项内容。

第4条　项目可行性报告(10分)

1. 项目可行性报告内容完整全面,包括各项所需考虑的问题,得满分,每缺失1项,扣3分。

2. 编写的项目可行性报告逻辑清晰,有据可循,每存在一处逻辑矛盾或思路不清的情况,扣3分。

第5条　软件设计考核(20分)

1. 软件设计考核。

(1)系统概念设计,系统概要设计内容要求完整全面,包括所有需要设计的内容,每有1项内容不完整的,扣3分。

(2)系统概念设计给出的软件结构图直观、清晰,能正确指导相关开发人员进行后续软件开发工作,每出现1处不直观的,扣3分。

2. 系统详细设计。

(1)系统详细设计内容需全面,每存在1项缺失,扣5分。

(2)设计出的处理过程清晰易懂,能在逻辑上正确地实现每个模块的功能,每存在1项内容不清晰的,扣5分。

第6条　软件编码考核(30分)

1. 编写的代码具有逻辑性,每存在1处逻辑错误,扣5分,超过5处,不得分。

2. 编码符合编写规范,无不规范情况,每出现1处不规范情况,扣3分。

3. 编码易维护,编码维护非常简单、容易,日后修改和维护方便,得10分;编码维护较简单、方便,得5分;编码维护不易维护的,得1分。

第7条　软件测试考核(30分)

软件测试过程中如出现Bug,根据出现的Bug等级和数量进行扣分,具体的扣分标准如下表所示。

Bug等级扣分标准

Bug等级	危害程度	扣分/(分/个)
一级	系统崩溃	10
二级	应用系统崩溃	6
三级	应用系统异常	4
四级	程序轻微异常	2
五级	建议改进	1

续表

第8条 发布维护考核(10分)

1. 软件按计划时间进行发布,每延迟发布1天,扣5分。

2. 软件维护及时性,根据软件运行情况,及时进行适当修改,以适应新的要求,每出现1次发现错误不及时进行修改,扣5分。

第9条 本细则由人力资源部和软件开发部联合制定,其解释权归人力资源部所有。

第10条 本细则至颁布之日起有效。

5.3.5 物流配送部绩效考核细则

下面为物流配送部绩效考核细则,供读者参考。

第1条 目的

为了保障公司资产的完好不受损失,降低储存、运输成本,体现员工多劳多得、公开公平的原则,充分发挥员工个人才能,不断提高工作效率,特制定本考核制度。

第2条 适用范围

本细则适用于物流配送部门考核。

第3条 考核内容

物流配送部门考核内容包括现场管理、库存优化、运输配送管理和相关单据管理工作。

第4条 现场管理考核(10分)

1. 每发现1次各类物品标识不清,物品丢失、错放的,扣2分。

2. 每发现1次现场环境卫生、定置管理不规范的,扣2分。

3. 盘点过程中,账、卡、物不相符,未能查找出原因的,一次扣5分。

第5条 库存优化管理(10分)

1. 每月根据实际库存,制订合理的产品定购计划,产品定购计划不合理,耽误产品发货的,每发生一次扣5分。

2. 对分管的呆滞、质差物料及时上报处理,未及时上报一次,扣2分。

第6条 物流收发工作考核(20分)

1. 上午完成的订单,下午必须发出;下午完成的订单,第二天上午必须发出。每延迟1单扣2分。

2. 物流收发费用管理,平均发货费用不得超过货物价值的____%,每超过____个单位,扣3分。

第7条 运输配送考核(50分)

1. 公司货运体系管理,合理进行公司货物调配与调度,不发生工作断档的状况,每发生1次断档扣10分。

2. 送货安排,根据销售部的销售情况,合理安排配送路线,避免同一区域、同一时间段二次送货,每出现一次安排不合理的,扣5分。

3. 配送及时性。统一配送,确保商品按时送到客户手中,每发生一次配送延误扣3分。

4. 车辆运输安全,运输车辆考核期内,每发生一起一般安全事故,扣5分,发生一起较大安全事故,扣10分。

续表

> 第 8 条 单据管理(10 分)
> 1. 单据要连号,字迹要清晰,杜绝涂改现象,做账要日清月结、当天事、当天毕、不积压,每出现一次违规操作的,扣 2 分。
> 2. 产品凭单据出库,样品出库需签字,未签字或产品未凭单据就出库的,每出现 1 次扣 2 分。
> 第 9 条 否决项
> 物流配送过程中,出现重大安全事故的,本期考核得 0 分。
> 第 10 条 扣分项
> 1. 工作礼仪:接听电话、行为举止是否规范,每发现不规范的,扣 2 分。
> 2. 服务态度:因服务差受到客户投诉属实的,一次扣 5 分。
> 3. 工作流程:遗漏、错发产品(产品型号、产品数量、其他辅件)造成影响的,一次扣 6 分;由于商品延迟配送,造成客户投诉的,每出现 1 次投诉,扣 10 分。
> 4. 工作交接:对当日已完成的工作或因特殊情况未能完成的工作,未交接清晰的,一次扣 3 分。
> 第 11 条 本细则由人力资源部和物流配送部联合制定,其解释权归人力资源部所有。
> 第 12 条 本细则至颁布之日起有效。

5.3.6 导购人员考核实施办法

下面为导购人员考核实施办法范例,供读者参考。

> 第 1 条 考核目的
> 1. 规范公司及各分卖场导购工作,明确工作范围和工作重点。
> 2. 使公司对各分卖场导购工作合理掌控并明确考核依据。
> 3. 鼓励先进者,惩罚落后者,促进人员合理发展。
> 第 2 条 考核周期
> 采取月度考核为主的方法,对导购专员的当月工作表现进行考核,考核实施时间为下个月的 1 日至____日,遇节假日顺延。
> 第 3 条 考核内容和指标
> 1. 考核内容
> 考核内容分为三类:销售类、商品管理类、服务类、态度类。其中销售类指标包括:导购任务完成率;商品管理类包括:产品管理(产品陈列整洁及标准、POP 维护、产品因导购原因的断货次数、产品因导购提醒不及时而销售的破损或过期货物遭到客户退货的次数、赠品是否按规定管理)、报表管理(报表的真实性及准确性)、信息管理(信息的准确度);服务类包括:服务态度、客户投诉次数等;态度类主要是出勤率、日常工作表现等。
> 2. 考核指标数据来源
> (1)各卖场的上报。报表包括日报、月报、优秀事迹等。
> (2)ERP 系统查询。主要利用 ERP 系统进行检查和核对。
> (3)总部进行抽查。
> (4)其他渠道,包括网上投诉、举报信等。
> 3. 考核指标
> 导购专员绩效考核表如下表所示。

续表

<table>
<tr><td colspan="11" align="center">导购专员绩效考核表</td></tr>
<tr><td rowspan="2">指标项</td><td rowspan="2">指标</td><td rowspan="2">配分</td><td colspan="6">考核标准</td><td rowspan="2">得分</td></tr>
<tr><td>次数</td><td>扣分</td><td>次数</td><td>扣分</td><td>次数</td><td>扣分</td></tr>
<tr><td>销售类</td><td>销售任务完成率</td><td>30</td><td colspan="6">完成率为100%得30分,每低于__%扣__分,低于__%得0分</td><td></td></tr>
<tr><td rowspan="5">商品管理类</td><td>产品陈列检查不通过次数</td><td>10</td><td>0</td><td>0</td><td>1~2</td><td>第一次扣__分
第二次扣__分</td><td>3次及以上</td><td>____</td><td></td></tr>
<tr><td>因破损、过期等要求退货次数</td><td>10</td><td>0</td><td>0</td><td>1~2</td><td>第一次扣__分
第二次扣__分</td><td>3次及以上</td><td>____</td><td></td></tr>
<tr><td>赠品不按规定赠送的次数</td><td>10</td><td>0</td><td>0</td><td>1~2</td><td>第一次扣__分
第二次扣__分</td><td>3次及以上</td><td>____</td><td></td></tr>
<tr><td>由于导购原因造成断货次数</td><td>10</td><td>0</td><td>0</td><td>1~2</td><td>第一次扣__分
第二次扣__分</td><td>3次及以上</td><td>____</td><td></td></tr>
<tr><td>导购日报表出错次数</td><td>5</td><td>0</td><td>0</td><td>1~2</td><td>第一次扣__分
第二次扣__分</td><td>3次及以上</td><td>____</td><td></td></tr>
<tr><td>服务类</td><td>信息准确率</td><td>5</td><td colspan="6">准确率≥____%不扣分,每低于__%扣__分,低于__%得0分</td><td></td></tr>
<tr><td></td><td>由于导购态度而遭到的投诉次数</td><td>10</td><td>0</td><td>0</td><td>1~2</td><td>第一次扣__分
第二次扣__分</td><td>3次及以上</td><td>____</td><td></td></tr>
<tr><td rowspan="2">态度类</td><td>出勤率</td><td>5</td><td colspan="6">出勤率≥____%不扣分,每低于__%扣__分,低于__%得0分</td><td></td></tr>
<tr><td>日常工作表现</td><td>5</td><td colspan="6">部门领导评价良好,____~____分
部门领导评价尚可,无违反规章制度的情况,____~____分
部门领导评价较差,经常有违反规章制度的情况出现,____~____分</td><td></td></tr>
<tr><td>奖励</td><td colspan="9">收到顾客表扬信一次,加____分;被部门表扬一次,加____分;被公司表扬一次,加____分;被媒体表扬一次,加____分(需提供文字材料)</td><td></td></tr>
<tr><td>处罚</td><td colspan="9">被部门批评一次,扣____分;被公司批评一次,扣____分;被媒体批评一次,扣____分</td><td></td></tr>
<tr><td colspan="10">总计</td><td></td></tr>
</table>

第4条 考核结果管理

1. 连续3个月评比综合排名前三名,分别奖励____元、____元、____元,名次并列的同时奖励。

2. 月考核评比综合排名后三名,要求导购专员进行原因分析,针对落后原因寻找改进措施。

3. 销售部负责人负责汇总导购专员月度考核结果,将其作为进行年度优秀导购员评比的重要参考。

5.3.7 生产人员考核实施办法

下面为生产人员考核实施办法范例,供读者参考。

第1条 考核目的
1. 为了对生产人员的工作进行客观、公正的评价,以此为依据进行合理的价值分配。
2. 为了更好地指导生产人员的工作,提高生产部门的生产效率,保证公司生产计划顺利实现。
3. 为了建立和完善公司人力资源绩效考核体系和激励与约束机制,形成合理的人才管理机制。

第2条 考核范围
绩效考评主要是对生产人员进行的定期考评,适合公司所有已转正的正式生产员工。

第3条 考核原则
1. 以公司对生产人员的指标及相关的管理指标和员工实际工作中的客观事实为基本依据。
2. 以员工考核制度规定的内容、程序和方法为操作准则。
3. 以全面、客观、公正、公开、规范为核心考核理念,对所有生产员工一视同仁。

第4条 考核内容
对于生产人员的考核实施季度考核,考核主要从两方面进行:一是工作业绩;二是工作态度。二者比重为8:2。对生产人员的绩效考核表分为工作业绩考核表和工作态度考核表,如下表所示:

生产人员工作业绩考核表

考核指标	权重	考核标准	得分
生产计划完成率	40%	每低于目标值__%扣__分,<__%得0分	
原材料消耗节省率	15%	每低于目标值__%扣__分,<__%得0分	
产品质量合格率	10%	每低于目标值__%扣__分,<__%得0分	
按期交货率	5%	每低于目标值__%扣__分,<__%得0分	
安全事故发生次数	5%	每发生一次,扣____分	
5S现场管理不合格事项	5%	无不合格事项得__分,1项不合格得__分,两项不合格得0分	
工作业绩得分			

续表

<table>
<tr><td colspan="4" align="center">生产人员工作态度考核表</td></tr>
<tr><td>姓名</td><td></td><td>部门</td><td></td></tr>
<tr><td>岗位</td><td></td><td>入职年限</td><td></td></tr>
<tr><td>考核期</td><td colspan="3"></td></tr>
<tr><td>考核项目</td><td colspan="2">考核要点</td><td>评分</td></tr>
<tr><td rowspan="3">纪律性
5%</td><td colspan="2">是否严格遵守工作纪律,很少迟到、早退、缺勤</td><td></td></tr>
<tr><td colspan="2">对待上级、同事、外部人员是否有礼貌,注重礼仪</td><td></td></tr>
<tr><td colspan="2">是否严格遵守工作汇报制度(口头、书面),按时完成工作报告</td><td></td></tr>
<tr><td rowspan="3">团队协作
5%</td><td colspan="2">工作是否充分考虑他人处境</td><td></td></tr>
<tr><td colspan="2">是否能够主动协助上级、同事和下属的工作</td><td></td></tr>
<tr><td colspan="2">是否努力使工作气氛活跃、和谐,充满团队精神</td><td></td></tr>
<tr><td rowspan="5">敬业精神
5%</td><td colspan="2">工作是否热情饱满,且能经常提出合理化建议</td><td></td></tr>
<tr><td colspan="2">对分配的任务是否讲条件、主动、积极、尽量多做工作</td><td></td></tr>
<tr><td colspan="2">是否积极学习与生产相关的知识,不断提高生产技能</td><td></td></tr>
<tr><td colspan="2">是否积极参加公司组织的各类培训</td><td></td></tr>
<tr><td colspan="2">是否敢于承担责任,不推卸责任</td><td></td></tr>
<tr><td>奉献意识
5%</td><td colspan="2">为公司和组织的目标和利益不计较个人得失</td><td></td></tr>
<tr><td>工作态度得分</td><td colspan="3"></td></tr>
<tr><td>被考核者
签名</td><td>直接主管
签名</td><td colspan="2">部门主管
签 名</td></tr>
</table>

第 5 条 绩效面谈

绩效考核面谈应在考核结束后一周内由生产主管安排,并报人事部备案。考核结束后要尽快与被考核者进行绩效面谈,总结上期工作不足之处,提出改进计划,并指导被考核者完成。绩效面谈的目的是了解员工对绩效考核的反馈信息,并最终提高员工的业绩。

5.3.8 出纳人员绩效考核制度

下面为出纳人员绩效考核制度范例,供读者参考。

续表

第1条 考核目的
1. 为了加强公司现金和银行存款的管理,规范报销程序,加强财务监管。
2. 为了对出纳员的工作绩效给予客观、科学的评价。
3. 为了落实公司绩效考核制度和人才激励机制,加强人员管理。

第2条 考核周期
1. 月度考核:考核时间为下月____个工作日内。
2. 年度考核:考核时间为次年的____个工作日内。

第3条 考核内容与评分
对于出纳专员的考核分定量考核和定性考核,量化指标和定性指标考核计分比例为8∶2。

1. 量化指标考核
公司对出纳专员设定的量化考核指标如下表所示。

出纳定量考核表

考核项目	考核指标	权重	评分标准	得分
现金管理	现金业务差错次数	15%	比目标值每多于1次,减__分	
	违反现金管理制度的次数	15%	比目标值每多于1次,减__分	
账务管理	现金日记账、银行存款日记账差错次数	15%	比目标值每多于1次,减__分	
	账实不符的次数	10%	比目标值每多于1次,减__分	
银行结算	银行结算差错次数	15%	比目标值每多于1次,减__分	
	银行结算办理及时率	10%	每延迟1次,减__分	

2. 定性指标考核
(1)纳税申报及时准确性,根据国家有关规定及时办理纳税申报和办理税款解缴工作。每出现一次差错减____分。
(2)费用报销手续办理的完备性:每发生1次费用报销时手续不齐备,扣__分;每发生1次原始凭证缺失,扣__分。
(3)加强存款和现金管理,及时核对银行存款,做到账款相符,对库存现金,要逐步盘点,库存现金不得超过核定的限额,违反1次减____分。
(4)每天下班前,严格检查保险柜的上锁情况,妥善保管好钥匙,违反1次减____分。
(5)装订和保管好凭证、账册和有关资料,及时归档,防止丢失或损坏,违反1次减____分。

第4条 考核结果及其应用
1. 考核结果的计算与等级
考核结果分为四个等级如下表所示。

出纳员考核结果等级表

考核得分	90分以上	75~89分	60~74分	60分以下
等级划分	优秀	良好	合格	不合格

续表

2. 考核结果应用
(1)连续三个月度考核为优者,季度奖金按其基数的____%发放;连续两个月度考核为优者,季度奖金按其基数的____%发放。
(2)年度考核优秀,且月度考核三次及以上优秀者,可考虑晋升、上调薪资。

第 5 条 绩效申诉
1. 被考核人如对考核结果不清楚或者持有异议,可以向人力资源部进行绩效申诉。
2. 被考核人必须在知道考核结果____个工作日内提出申诉。
3. 人力资源部在接到申诉后的____个工作日内必须提出处理意见和处理结果。

5.3.9 行政秘书绩效考核办法

下面为行政秘书绩效考核办法范例,供读者参考。

第 1 条 考核内容
1. 工作业绩考核
结合公司行政秘书的工作职责,公司拟定对其从文件录入打印、公文处理、文件管理、出差人员旅程安排、会议管理、公务用车管理6方面对行政秘书的工作绩效进行考核。其考核具体内容及标准如下表所示。

行政秘书工作业绩考核表

考核项目	考核内容与计分标准
文件录入、打印	1. 每出现不规范或错误的情况1次,减____分
	2. 在规定的时间内完成,比规定时间每延迟1次,减____分
公文处理	1. 在规定的时间内完成,每延迟1次,减____分
	2. 行文规范、准确,每出现不规范或错误的情况1次,减____分
文件管理	负责外来信函、传真、报纸等文件的收发和传送,文书档案归档率达到100%,出现延误或差错的情况每发生1次,减____分
出差人员旅程安排	安排符合出差人员的要求,按时准确预订票务,出现延误或差错的情况每发生1次,减____分
会议管理	会议组织有序,因会议准备工作不充分而影响会议顺利进行的次数每发生1次,减____分
	会议纪要延迟或出现错误1次,减____分
公务用车管理	合理安排企业内部公务用车,没有延误,出现延误或差错的情况每发生1次,减____分

2. 工作能力与工作态度考核
对行政秘书工作能力与态度考核,其内容与标准如下表所示。

续表

行政秘书工作能力与态度考核内容与标准		
考核项目		考核内容
工作能力	文字能力	1. 行文流畅、准确、迅速，几乎不用修改，____~____分 2. 行文较快且准确但要做一定修改，____~____分 3. 行文速度一般，需要较大修改，____~____分 4. 行文慢且错误太多，____~____分
工作能力	沟通能力	1. 善于倾听，具有出色的语言、文字表达技巧，____~____分 2. 能够倾听，语言文字表达比较准确，____~____分 3. 语言文字尚能表达清楚意图，____~____分 4. 语言、文字表达含糊，意图不清，____~____分
工作态度	工作积极性	1. 工作非常积极，工作任务从来不会延迟，____~____分 2. 工作较为积极，工作任务极少延迟，____~____分 3. 工作相当积极，工作任务偶尔会延迟，____~____分 4. 工作不太积极，工作任务经常会延迟，____~____分
工作态度	团队意识	1. 有强烈的团队意识，总是主动协助他人完成工作，____~____分 2. 有较强的团队意识，经常主动协助他人完成工作，____~____分 3. 有相当的团队意识，偶尔主动协助他人完成工作，____~____分 4. 有一定的团队意识，极少主动协助他人完成工作，____~____分

第 2 条　考核结果划分
1. 考核结果划分
根据被考核者的得分,企业将其结果划分为 5 个等级:A 为优秀,90 分以上;B 为良,80~90 分;C 为好,70~80 分(不包括 80 分);D 为合格,60~70 分(不包括 70 分);E 为需提高,60 分以下。
2. 考核结果运用(略)

5.3.10　招聘专员绩效考核办法

下面为招聘专员绩效考核办法范例,供读者参考。

第 1 条　考核目的
1. 关注员工发展,使员工的努力与组织的目标保持一致,保障公司战略目标的实现。
2. 建立良好的绩效标准,为公司的整体运营管理的改善提供参考依据。
第 2 条　考核原则
1. 明确化、公开化原则。考核标准明确,考核结果公开透明。
2. 客观考评原则。避免掺入主观性和感情色彩,保证考核结果的客观性。
第 3 条　考核责任划分
1. 考核者:人力资源部经理或主管。
2. 归口管理部门:企业的人力资源管理部门。
3. 信息提供部门:财务部、企管部、人力资源部。

第4条 考核内容与量化标准

1. 工作业绩考核(70%)

(1)招聘工作完成情况考核,如下表所示。

招聘工作计划完成情况考核

考核项目	考核指标	量化标准
任务完成率	招聘计划完成率	达到100%,每有1次因人员未满足用人部门需求的情况,减____分
招聘信息发布	发布及时性与准确率	在规定时间内发布招聘信息,每延迟1次,减____分信息中每有1处错误,减____分
招聘质量	录用比	低于____%,减____分
	人员转正率	低于____%,减____分
用人部门满意度	满意率	低于____%,减____分

(2)其他工作事项

① 用人计划制订的合理性:各用人部门对用人计划提出意见的次数每出现1次,减____分

② 《应聘人员统计表》《招聘工作总结报告》应于当期招聘工作结束后____日内上交人力资源部,延迟1次,减____分

2. 工作能力考核,如下表所示。

工作能力考核表

工作能力	语言表达能力	10%	1. 语言含糊不清,表达的意思不清楚,____~____分 2. 掌握一定的说话技巧,自己的意见或建议能得到他人的认可,____~____分 3. 能有效地和他人进行交流和沟通,并有一定的说服能力,____~____分 4. 语言清晰、幽默,具有出色的谈话技巧,____~____分
	学习能力	5%	1. 在工作中能够理解领导传授的知识和技能,但自己没有有效的学习途径与方法,____~____分 2. 遇到新的知识,能去学习,并且积极主动地参加公司安排的有关培训与交流活动,____~____分 3. 主动学习新知识并了解业务动态,并能虚心向他人学习,____~____分 4. 积极主动从各种渠道学习本岗位最新业务知识和动态、行业内的先进知识,并对工作有促进作用,____~____分
	沟通能力	5%	1. 不能清晰地表达自己的思想和想法,____~____分 2. 能清晰表达自己的思想,有一定的说服力,____~____分 3. 能灵活运用多种谈话技巧和他人进行沟通,____~____分

续表

3. 工作态度考核，如下表所示。

工作态度考核表

工作态度	出勤状况	5%	1. 考核期间员工出勤率达到 100%，得满分，每迟到 1 次（____分钟以内），减____分 2. 考核期间累计迟到____次以上者，该项得分为 0 分
	工作责任心	5%	1. 工作马虎，不能保质、保量地完成工作任务且工作态度极不认真，____~____分 2. 自觉地完成工作任务，但对工作中的失误，有时推卸责任，____~____分 3. 自觉地完成工作任务且对自己的行为负责，____~____分 4. 除了做好自己的本职工作外，还主动承担公司内部额外的工作，____~____分

第 5 条 考核结果运用

1. 绩效奖金发放

季度考核主要用于绩效工资的发放。

绩效奖金发放标准

等级	未达标	基本合格	好
考核得分	60 分以下	60~79 分	80 分及以上
绩效工资	0	____元	____元

2. 年度考核结果应用

年度考核结果主要用于员工年终奖金的发放、薪资调整、职位晋升、培训与发展等事宜的决策。

5.3.11 内部培训讲师考核办法

下面为内部培训讲师考核办法范例，供读者参考。

第 1 条 考核目的

为科学地考核、评价培训讲师工作，以保障各项业务培训效果，现制定本考核办法。

第 2 条 内部培训讲师所需的资质条件

1. 必须是技术和业务骨干，有较丰富的本岗位工作经验。
2. 具有较深厚的专业理论知识，有较强的科研能力或业务能力。
3. 熟悉公司各项规章制度、程序文件及工作指引。
4. 具有较强的工作责任心和敬业精神。

第3条 考核周期

1. 培训现场考核

培训现场考核是指学员和培训部对培训项目的效果、教材设计、授课风格、学员收益等进行评估。

2. 年终考核

年终考核是由人力资源部对内部讲师进行的年终综合评定。

第4条 考核内容

对内部讲师的考核依据主要包括学员满意度和培训部评价两个方面。

1. 学员满意度评价是指内部讲师授课结束后学员通过问卷评价表进行的评价。

2. 培训部评价的主要内容包括教学质量、教学效果、工作态度、授课技巧、课程内容的熟练程度等。

第5条 考核方法

内部讲师的考核方法如下表所示。

内部讲师考核方法一览表

考核方式	考核内容	考核者	实施者	所用工具	考核时间
培训项目考核	课程内容的熟练程度、授课技巧、课堂控制等	受训人员、培训部门	人力资源部	评价问卷、培训部门评价表	课程结束后一周内进行
年终考核	教学质量、教学效果、工作态度、授课技巧、课程内容开发等	培训部门	人力资源部	内部讲师年终评价表、内部讲师年度考核表	年终进行一次

人力资源部对内部讲师的年度授课绩效进行年终综合考核,人力资源部填写"内训师年度考核表"(见附表1)。

第6条 奖励加分

对优秀讲师的奖励在年终绩效考核中要给予体现。凡年终内部讲师考核分评定为90分以上者,授予优秀内部讲师奖章,年终绩效考评分加____分。

第7条 考核结果运用

1. 内部讲师如在1年之内有5次课程的现场评估考核低于____分,或内部讲师年度考核分低于75分即被降级。

2. 对连续2次考核不合格或者受到学员2次以上重大投诉的内部讲师,将取消其讲师资格。

3. 考核成绩优秀者,按照讲师资格评审规定给予晋级。

续表

附表　内部讲师年终考核表

内部讲师年终考核表

基本情况（讲师填写）					
姓　　名		学　历		专　业	
所在部门		岗　位		职　称	
讲师资格			评聘时间		
教授课程	目　前				
	意　向				
年度总结					
培训绩效记录					
序号	培训项目	培训时间	培训对象	平均成绩	
	（讲师填写）			（人力资源部填写）	
1					
2					
3					
4					
5					
6					
年度总体评价	评　语				
	奖　励				
培训主管意见			人力资源经理意见		

5.3.12　销售人员绩效奖惩制度

下面为销售人员绩效奖惩制度范例，供读者参考。

第 1 条　目的
为表彰和鼓励更多的员工完成销售任务，提高公司销售人员的工作积极性，特制定本制度。

第 2 条　适用范围
本制度适用于公司从事销售业务的员工。

第 3 条　职责分工
1. 总经理负责审批销售绩效奖惩方案。

2. 销售经理负责统计、上报销售人员的销售业绩,处理销售争议。
3. 人力资源部负责编制销售奖惩方案并上报总经理审批。
4. 财务部根据总经理的审批意见按时落实销售奖惩。

第4条 销售绩效奖惩方式

本公司员工销售绩效奖惩的方式主要有以下三种,具体如下图所示。

员工销售绩效奖惩方式示意图

第5条 现金奖励条件及标准

1. 现金奖励种类。本公司销售现金奖励的种类如下表所示。

销售现金奖励的种类表

奖励种类 岗位	月度奖励	季度奖励	年度奖励	临时奖励
销售专员	销售奖金 销售冠军	销售奖金 销售冠军	销售奖金 销售冠军 回款冠军	特殊促销奖金
备注	以下人员不发放年度奖励: 1. 中途离职者;2. 停薪留职者;3. 在过去一年请假超过____天者			

2. 现金奖励标准

(1)销售专员奖金=实际销售金额×个人销售提成比例×个人完成系数。

(2)销售提成比例根据完成销售任务额度和销售产品类别设置不同的提成比例,具体销售提成比例的标准如下表所示。

销售提成比例标准表

类别	销售任务(销售额度)	个人销售提成比例
A产品	300万以下(含300万)	1.6%
	300万~600万(含600万)	2%
	600万以上	2.5%
B产品	500万以下(含500万)	1.0%
	500万~800万(含800万)	1.2%
	800万以上	1.5%

续表

(3)个人(项目)完成系数即计划实际的完成系数,具体如下表所示。

个人(项目)完成系数表

实际销售金额与计划的关系	个人(项目)完成系数
实际销售金额＜销售计划的50%	0.3
销售计划的50%≤实际销售金额＜销售计划的60%	0.4
销售计划的60%≤实际销售金额＜销售计划的80%	0.6
销售计划的80%≤实际销售金额＜销售计划的100%	0.9
销售计划的100%≤实际销售金额＜销售计划的120%	1
实际销售金额≥销售计划的120%	1.2

(4)个人业绩为第一名的销售人员,若其个人任务完成率高于80%,则可得到销售冠军奖金2000元。

(5)年度回款率第一名的销售人员,若其个人任务完成率高于60%,则可得到回款冠军奖金2000元。

(6)特殊促销奖金额度为一等奖5000元(一名)、二等奖2000元(两名)、三等奖500元(三名)。具体奖励人员由销售经理确定,报营销部总监审批后予以公布。

第6条 股权激励奖励条件及标准

具体按照公司与销售人员、销售主管签订的《××年度股权激励计划协议书》执行。

第7条 薪酬培训等奖惩标准

1. 年度总计获得三次及以上月度销售冠军,或获得两次及以上季度销售冠军,或获得年度销售冠军的销售专员,公司将酌情给予升职、加薪、外出培训等机会。

2. 连续两年获得年度销售冠军的,公司将酌情给予升职、加薪、外出培训等机会。

3. 年度总计连续三次及以上月度考核不及格,或两次及以上季度考核不及格,或年度考核不及格的,公司将在未来一年内不给予升职、加薪、外出培训等机会。

第8条 本制度经总经理批准后颁布,自颁布之日起执行。

5.3.13 采购成本控制考核办法

下面为采购成本控制考核办法范例,供读者参考。

第1条 目的

为了进行有效的成本管理,降低采购成本,从而提高公司利润,增强企业自身竞争力,特制订本方案。

第2条 考核周期

根据考核各指标的考核周期不同,采购成本控制考核周期分为月度考核、季度考核与年度考核。

1. 月度考核

月度考核由采购部主管对当月的采购成本费用报表进行分析,与部门内部员工讨论,总结本月采购成本控制情况,找出不足之处,制定解决办法,并形成《月度采购成本控制考核报告》,交采购经理审批,月度考核工作于每月____日前完成。

2. 季度考核

采购经理汇总月度考核成本控制情况,编写《成本控制季度报告》,上交直接上级。

3. 年度考核

总经理、采购经理、财务部经理对本年度采购成本控制情况进行评价,采购部成立考核小组,对各部门成本控制情况进行评分。

第 3 条　考核方法

成本控制考核方法采取以下三种方式。

1. 目标管理法

用采购部各指标是否达到规定的绩效目标值,来衡量采购部成本控制工作。

2. 要素评定法

将定性指标和定量指标结合进行成本控制的考核。

3. 相对比较法

对某考核指标在本考核周期的数值与上一考核周期或前几周期结果进行比较,从而确定各个考核周期的成本控制成效。

第 4 条　考核指标确定

对采购部进行成本控制绩效考核之前,应先明确其考核指标,如下表所示。

采购成本控制考核表

考核指标	指标说明及评分细则
采购价格	1. 根据市场最高价、最低价、平均价,企业自行估计并制定这一标准价格对应的分数 2. 每高于标准价格的____%,减____分;每低于标准价格的____%,加____分
采购成本	超出预算____%以内,减____分
采购成本节约率	1. 基于采购预算价格的采购成本节约率 (1)采购成本节约率 = $\dfrac{采购预算金额 - 实际采购金额}{采购预算金额} \times 100\%$ (2)每高于绩效目标值____%,加____分 2. 基于供应商报价的采购成本节约率 (1)此处主要采用供应商投标平均价代替预算价格来计算采购成本节约率 (2)每高于绩效目标值____%,加____分
财务指标	采购金额占销售收入百分比;每高于绩效目标值____%,减____分
存货管理成本	原材料存货的管理和产成品存货的管理所导致的成本,超出预算____元以内,减____分
装卸成本	存货数量增加而导致的搬运成本,比上期降低____%,加____分;高于上期____%,减____分
差旅费用	由于估价、询价、比价、议价、采购等活动造成的费用,比上期降低____%,加____分;高于上期____%,减____分
进货检验成本	进货检验环节所造成的成本,比上期降低____%,____分;高于上期____%,减____分

续表

第 5 条 考核结果应用		
1. 考核等级划分 根据考核考核结果,将考核结果划分为五个等级。考核结果的划分与应用如下图所示。		
考核得分(S)	季度奖金	年度奖金
90≤S≤100	按奖励标准的____%核发	按年底采购成本节约总额的____%核发
80≤S＜90	按奖励标准的____%核发	按年底采购成本节约总额的____%核发
70≤S＜80	按奖励标准的____%核发	按年底采购成本节约总额的____%核发
60≤S＜70	按奖励标准的____%核发	按年底采购成本节约总额的____%核发
60＜S	无季度奖金	无年度奖金
2. 绩效反馈与改进 考核结束后,采购部经理应及时查找绩效考核差距,进行绩效总结与反馈。		

5.3.14 产品质量检验考核制度

下面为产品质量检验考核制度范例,供读者参考。

第 1 章 总则

第 1 条 为促进企业不断提高产品质量,减少质量成本损失,更好地落实生产过程中各类人员的质量责任,特制定本办法。

第 2 条 除本办法外,各分厂(车间)可结合本部门实际工作情况,制定内部的质量考核办法。

第 3 条 适用范围。本办法适用于产品在本公司加工、装配至销售出厂后全过程所发生质量问题的考核。

第 2 章 质量考核项目

第 4 条 产品质量考核项目为:直通率、产品一次交验合格率、成品率、成品抽查合格率(或成品合格率)、成品抽查一等品率(或成品一等品率)、成品抽查优等品率(或成品优等品率),主要零部件主要项目抽查合格率。

第 5 条 对于产品性能、安全等有重大决定性作用的项目(节点),应列为关键项目,关键项目要选得准确,不宜过多。如对产品性能的考核项目,主要选用产品的主要技术、经济特性如功率、压力等指标。

第 6 条 检验标准,产品质量应符合各级标准。产品等级的评定按《××产品质量分等办法》的规定。

第 3 章 产品质量管理奖惩细则

第 7 条 树立全员质量观念,需要公司全体员工的参与。

第 8 条 公司设立质量奖励基金,每年____~____元。各产品质量事故及质量返工的扣减款项,进入公司质量奖励基金。

第 9 条 公司相关责任部门或人员的责任及其奖惩标准见附表。

续表

第4章 所需表单

附表：××公司产品质量奖惩说明

××公司产品质量奖惩说明

相关责任人部门（人员）	质量奖惩说明
生产车间、班组	1. 对产品质量有突出贡献的个人或单位，经公司总经理批准，发放质量特别奖____~____元，并进行表彰 2. 每个分项产品品种，凡一次验收达到优质产品者，奖励____元 3. 每个分项产品品种，凡三次验收方能合格者，扣减____元 以上奖励或罚款在每月结算工资时扣发
质检员	1. 按要求对产品进行检验。漏检、误检一次扣____~____元并追究因此造成的经济损失 2. 按要求对生产过程和工序产品进行检验。漏检、误检一次扣____~____元并追究因此造成的经济损失
库管员	1. 认真做好原辅料入库、发放登记，做到准确无误，出现差错一次扣发当月工资____元 2. 未经检验合格的原辅料不得入库，发现一次扣____~____元，并追究因此造成的经济损失 3. 做好原辅材料的保管清查工作，若因工作失误造成损坏、变质或遗失的，扣____元并追究因此造成的经济损失
备注：对于质量事故的惩罚，公司作出了如下规定	
质量事故	1. 内部质量事故的处罚：一般性质量事故每次扣责任单位工资总额的____%~____%；严重质量事故每次扣责任单位工资总额的____%~____% 2. 外部质量事故的处罚：一般性质量事故每次各扣罚责任单位、技术质量部工资总额的____%~____%；严重质量事故，各扣罚责任单位、技术质量部工资总额的____%~____%

5.3.15 研发项目管理考核制度

下面为研发项目管理考核制度范例，供读者参考。

第1章 总则

第1条 目的

为加强公司研发项目管理，明确员工工作导向，引导、激励员工开发自身潜能和工作热情，使员工在项目目标的牵引下不断提高工作业绩，制定本办法。

续表

第 2 条　适用范围

本规定适用于公司的研发项目考核,包括参与项目的所有人员的考核。

第 3 条　考核实施部门

公司项目管理部是项目考核的归口管理单位,公司质量管理部、财务部、人力资源部为项目考核的协作单位。

第 2 章　研发项目考核

第 4 条　项目管理部对研发项目整体工作绩效进行评估。

第 5 条　公司对研发项目评估,主要从如下表所示的项目进度、项目质量、项目成本、客户满意度 4 方面进行考核,具体内容如下。

研发项目整体绩效评估

考核项	评分说明
项目进度	按照计划的开发周期执行,每延迟____天,减____分
项目质量	每有 1 项(处)不符合规定的要求,减____分
项目成本	1. 每超出预算的____%,减____分 2. 在资金使用上,按照公司的财务管理规定执行,每有 1 次不符合的现象,减____分
客户满意度	每低____%,减____分

第 3 章　项目组成员考核

第 6 条　项目成员的考核,采取由直接上级进行考评的方式进行。

第 7 条　对项目组成员的考核内容及计分办法如下表所示。

研发项目组成员考核内容及计分办法

考核项	评分说明
项目进度	以设计开发计划书制订的时间为依据,每延期 1 次,减____分
设计质量	1. 符合设计要求,____分 2. 基本符合设计要求,但局部需要调整,____分 3. 不符合设计要求,____分
研发产品质量	根据试产出现问题的多少来评估,少,____分;较少,____分;一般,____分;多,____分
项目资料输出的完整性	1. 符合要求,____分 2. 基本符合,____分 3. 不符合,____分

第4章 考核结果运用

第8条 项目考核结果主要用于计算项目总奖金,同时也用于项目人员的晋升、培训等方面。

第9条 项目奖金数额的确定

1. 项目奖金

公司针对每一个研发成功的项目设立专项奖金,奖金数额按项目的技术复杂程度(技术含量)及项目完成后在一年内的预计净收益的一定比例提取。具体计算办法如下。

项目奖金＝一年内预计净收益×计提比例

一年内预计净收益＝一年内该项目产品的预计销售额－开发费用预算－产品成本预算

2. 个人奖金

研发设计人员所得的奖金按其在项目中的贡献度予以兑现,具体计算办法所下所示。

个人奖金＝项目奖金×个人贡献度

个人贡献度＝个人所得分值/项目组总分值

5.3.16 促销活动考核实施办法

下面为促销活动考核实施办法范例,供读者参考。

第1条 考核目的

1. 增加促销活动的现场氛围,降低促销活动的成本,提高促销活动效果。
2. 对促销活动有一个客观的评价,对活动效果有一个公正的评估。

第2条 考核原则

1. 客观、公正的原则。
2. 从策划到实施,从人员、物品管理到现场控制的全面考核原则。

第3条 考核时间

促销活动的考核时间在每次促销活动结束后的____个工作日内完成。

第4条 考核内容和标准

对促销活动的考核内容主要有五个方面:促销活动策划、促销活动实施、促销活动费用控制、促销活动效果评估、促销活动现场布置。具体考核内容及标准如附表《促销活动量化考核表》所示。

第5条 考核组织

1. 人力资源部负责促销活动考核的组织与实施、结果统计与汇总等工作。
2. 促销部经理和主管负责对促销活动考核项目的评价、考核结果反馈等工作。
3. 销售总监负责考核结果的审核工作。

第6条 考核纪律

1. 凡是对促销活动资料弄虚作假者,公司将视情况严重程度给予处分。
2. 促销活动考核必须按照考核规范,遵守考核程序,严守考核纪律。

续表

附表：促销活动量化考核表

促销活动量化考核表

考核项目	考核内容及标准	减分项目及原因	备注
促销活动策划	1. 促销活动目的不明确，减____分 2. 活动促销方式选择不当，减____分 3. 促销活动方案提交每迟1天，减____分 4. 促销活动方案未通过，减____分/次		
促销活动实施	1. 活动时间安排不合理，减____分 2. 与公司内各部门协调出现冲突的，减____分 3. 与公司外部单位协调不妥的，减____分 4. 因各种原因导致活动不能按期实施的，减____分		
促销活动费用	促销活动费用每超出预算____%，减____分		
促销活动效果	1. 活动前后销量提升率与目标值相差____%，减____分 2. 活动前后销售额增加率比目标值相差____%，减____分 3. 品牌提升程度未达到预期效果的，减____分 4. 客户对活动的满意度评分低于____分，减____分		
促销活动现场	1. 活动现场人员每出现1次违规行为，减____分 2. 活动现场物品陈列每有1处不符合陈列规范，减__分 3. 活动现场出现断货，减____分 4. 活动现场氛围冷清，减____分		

第 6 章

绩效考核实施设计

6.1 绩效考核方法

提及绩效考核的方法，可谓是多种多样，如目标管理法 MBO、360 度考核法、KPI 考核、平衡计分卡考核、OKR 绩效考核法等，下面就上述 5 种考核方法进行详细的介绍。

6.1.1 目标管理考核法

目标管理考核法，即按一定的指标或评价标准来衡量员工完成既定目标和执行工作标准的情况，根据衡量结果给予相应的奖励。它是在整个组织实行"目标管理"的制度下，对员工进行考核的方法。

（1）确定目标评估周期

目标评估既要及时有效地掌握目标完成情况，又要科学合理地反映目标执行人的绩效，即何时进行评估最合适就显得十分重要。按周期不同可将目标评估分为图 6-1 所示的 3 种。

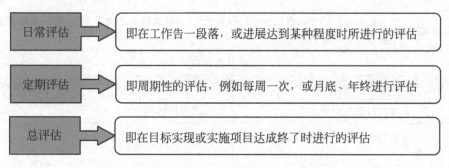

图6-1　评估周期

（2）考核实施流程

目前，目标管理考核法被大量应用于企业考核过程中，其一般的操作流程如图 6-2 所示。

图6-2　目标管理考核法操作流程图

① 建立工作目标计划表。员工工作目标列表的编制由员工和上级主管共同完成。目标的实现者同时也是目标的制订者，这样有利于目标的实现。工作目标列表的建立一般遵循以下步骤，具体内容见图 6-3。

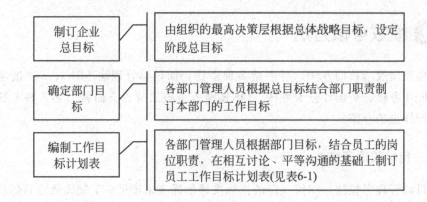

图6-3 工作目标列表的编制

表6-1 某公司销售部员工工作目标计划表

姓　　名		工作岗位	
单位名称		部门名称	
考核期			
工作概要	根据部门经理确定的销售目标和计划,具体执行产品销售工作,同时做好账款催收及客户服务工作		
工作目标计划			
序号	工作计划内容	工作目标	备注
1	具体执行产品销售工作	完成销售额不低于××万元	
2	根据与客户达成的协议,按时催收账款	账款回收及时率达到××%	
3	根据公司要求,做好客户服务工作	客户有效投诉发生次数小于××次	
4	及时、准确填写各类销售记录、报表	各类销售记录、报表填制及时率达到100%	
5			
6			
被考核者签名		部门负责人签名	

② 明确业绩衡量标准。一旦确定某项目标被用于到绩效考核工作中,必须收集相关的数据,明确如何以该目标衡量业绩,并建立相关的检查和平衡机制。明确业绩衡量标准时,应该遵循以下要求,具体内容见图6-4。

③ 实施业绩评价。在给定时间期末,将员工业绩与目标相比较,从而评价业绩,识别培训需要,评价组织战略成功性,或提出下一时期的目标。

1	成果计量的单位、计量的方法应该与目标体系一致
2	考评频率应该与目标计划期一致，否则会造成目标成果难以计量的情况
3	评价尺度要明确，包括基础指标、超额完成指标、未达标等情况的评价办法等
4	奖惩办法的规定要具体，包括超额完成任务的奖励和未完成任务的处罚等

图6-4　业绩衡量标准设定要求

④ 检查调整。通过业绩评价，员工找出了自己实际工作业绩与预定目标之间的距离，接着就必须分析产生这些差距的原因，并且通过调整自己的工作方法等手段，致力于缩小乃至消除上述差距，努力达到自己的目标。

(3) 考核实施需注意的问题

① 目标执行与修正。企业设定的目标要落实到各个目标执行部门和员工身上，由目标执行人具体执行。

当企业的目标活动不能达成时，企业应该对制订的目标进行修正。下面列举了企业进行目标修正的三种情形。

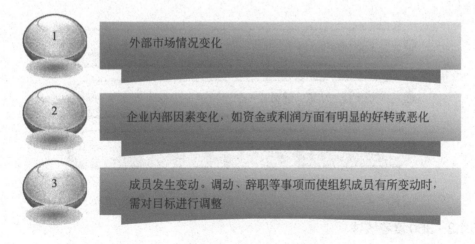

1	外部市场情况变化
2	企业内部因素变化，如资金或利润方面有明显的好转或恶化
3	成员发生变动。调动、辞职等事项而使组织成员有所变动时，需对目标进行调整

图6-5　目标的修正

② 目标追踪。企业各级目标确定后，必须对目标实施的情况进行跟进，藉以发现目标的执行与预定目标之间的差异，并及时协商确定改进办法。

在目标执行过程中，常常会使用目标追踪工具（示例见表 6-2、表 6-3）来追踪目标完成情况。

表6-2　目标执行追踪表

目标执行单位：　　　　　目标执行人：　　　　　　　　年　　月　　日

目标项	工作计划	执行情形	进度/%			差异原因	改进办法	有关单位签注意见
			本期预计	本期实际	本期差异			

表6-3　目标改善追踪表

负责部门（个人）：_____　评审人：_____　　月份：_____

目标项	改善办法	预定完成日期	实际完成日期	效果追踪

（4）提高目标评估有效性的措施

为了提高评估结果的有效性，企业管理人员至少须做好如图 6-6 所示的三方面工作。

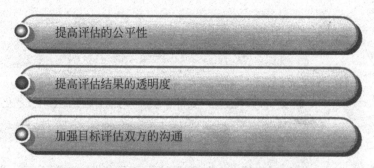

图6-6　提高目标评估有效性的措施

6.1.2　360 度考核法

"360 度考核法"又称为"全方位考核法"，它是指从与被考核者发生工作关系的多方主体那里获得被考核者的信息，并以此对被考核者进行全方位、多维度的绩效评估的过程。

这些信息的来源包括：来自上级监督者的自上而下的反馈（上级）；来自下属的自下而上的反馈（下属）；来自平级同事的反馈（同事）；来自企业内部的协作部门和供应部门的反馈；来自公司内部和外部的客户的反馈（服务对象）以及来自本人的反馈。

360 度考核法强调从与被考核者发生工作关系的多方主体那里获得被考核者的信息，如图 6-7 和表 6-4 所示。

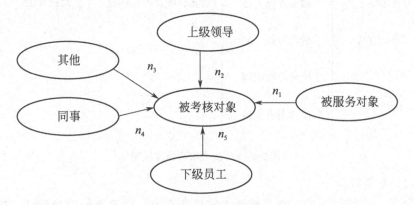

注：n_1、n_2、n_3、n_4、n_5 分别代表权重，其权重设置的一般原则是：$n_1 > n_2 > n_3 > n_4 > n_5$

图6-7　360度考核法示意图

表6-4　考核主体说明

考核主体	内容说明
上级考评	上级考评的实施者一般为被考评者的直接上级，直接主管领导是绩效考核中最主要的考评者
同级考评	一般为与被考评者工作联系较为密切的人，他们对被考评者的工作技能、工作态度及工作绩效较为熟悉
下级考评	管理者的下属与管理人员直接接触，是管理人员管理能力、执行能力以及领导力的评判者。通过下级考评，可以直接反映出领导者在管理方面的一些问题。此外，下级对上级进行考评还有利于企业民主作风的培养和企业员工凝聚力的提高
自我考评	自我考评是被考评者本人对自己的工作表现进行评价的一种活动，它一方面有助于员工提高自我意识，使员工更好地认识到自己的优点和缺点，另一方面，员工的自我考评也是对绩效考核工作的配合和支持
其他	客户考评、供应商考评是考评的其他方式。较常见的如客户考评，它对从事客户服务的人员考评非常重要

360 度考核的程序主要可以分为四个阶段，即考核的准备阶段、设计阶段、实施阶段、评估与反馈阶段，各个阶段的具体工作事项如图 6-8 所示。

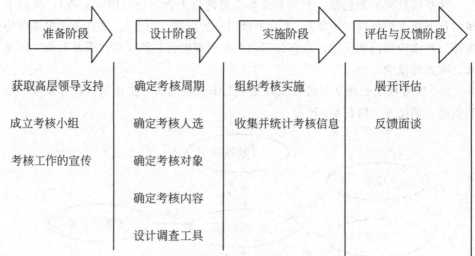

图6-8 360度考核实施流程图

(1) 准备阶段

① 获取高层领导的支持。绩效考核是企业中一项重要的管理活动,在具体的实施过程中,获取高层领导者的支持是非常必要的。一方面,企业的高层领导者是考核评估中重要的考评者之一;另一方面,他们从宏观上决定了绩效考核的政策,指引着绩效考核的方向,同时也是绩效考核得以顺利推进的强大动力。

② 成立考核小组。绩效考核工作组,其小组成员一般由企业领导、人力资源部工作人员、外部聘请的专家等组成,负责统筹整个绩效考核工作。

③ 考核工作的宣传。考核评估前的宣传工作主要是向员工讲解有关绩效考核的内容,同时说明绩效考核的目的,让员工真正地认识到绩效考核对他们的益处。从而消除他们对绩效考核工作的顾虑,提高他们参与绩效考核工作的积极性。具体的方式可以是集体会议、公司文件传达等。

(2) 设计阶段

此阶段主要包括确定考核周期、考核人选、考核对象、考核内容及考核工具五项工作,下面重点介绍其中的三项。

① 确定考核周期。严格来说,绩效考核的周期并没有唯一的标准,一般的考核周期为月、季、半年或一年,还可以选择在一项特殊任务或项目完成之后进行。

在考核频率的选择上,频率不宜太高,否则一方面浪费一定的精力和时间,另一方面造成员工的心理负担;同时,考核周期也不宜太长,否则不仅降低考核的效果,还不利于员工绩效的改进。

② 确定考核人选。360度考核的实施主体一般由多人组成,包括被评估者

的上级领导、同事、下级、被评估者本人及与其工作关系密切的其他人员,但并不是所有的上级、同事、下级及其他相关人员都是被评估者的考核人选,而是其中那些与被评估者在工作上接触较多,比较了解其工作表现的人才能作为考评者的人选。

另外,也并不是所有的考评者对被考评者的所有考核项都进行评估,例如:评价被评估者的服务意识,选择由其服务的对象来评估则更为合适。

③ 设计调查工具。360度考核的重要工具之一是调查问卷。调查问卷的设计关系到绩效考评的效果和效度。因此,设计好调查问卷是设计阶段一项很重要的工作。

调查问卷的形式分为两种。一种是给评价者提供5分等级,或者是7分等级的量表(也称为等级量表),让评价者对相应的问题选择相应的分值。另一种是开放式问题的形式,让评价者对所调查的问题写出自己的评价意见。二者也可以综合采用。在进行考核问卷设计时,需注意以下3个问题,具体内容见表6-5。

表6-5 考核问卷设计应注意的问题

注意事项	内容说明
确定科学的绩效考核指标体系	1)科学有效的考核指标体系应根据企业的组织目标、工作分析等各方面的因素综合确定。 2)当职位对岗位任职者的某一项或几项素质有特殊的要求时,可以给每个考核指标赋予一定的权重,以示区别和体现重要性。例如:人力资源经理这一职位,要求岗位任职者具有较好的人际沟通能力、较强的协调能力和观察能力,因此,在进行问卷设计时,可赋予这几项指标较高的权重
考评问卷设计的差异化	不同的工作岗位,其工作内容、工作职责、工作技能要求等各方面是不一样的,这就要求在设计问卷时,针对不同的考评者,在考评指标和考评内容上要有所差别
要考虑不同考评主体考评内容的侧重点	1)不同层面的考核者从不同角度对被考核人的工作行为进行考评,上级考核者主要注重考核被考核人的领导能力、计划决策能力、创新力等。同级考核者主要考核被考核人的协作力,包括部门合作、团队协作、创造和维护良好的工作氛围等。下级考核者主要考核被考核人的管理水平。客户考核人主要考核被考核人的服务态度、服务水平、服务质量等 2)即使同是上级考核,对不同被考核人的着重点也不一样。例如:业务部门经理,总经理考核的是其业务能力、经营管理能力、沟通谈判能力等方面,而对行政部门经理的考核,主要看其组织协调能力、部门人员管理能力等

(3) 实施阶段

考核工作的实施,主要包括两部分:组织考核的实施和收集统计考核信息。在具体的执行过程中,要注意对具体实施过程,如考核问卷的分发、收集和保密加强监控和管理。另外人力资源部还要对考核参与人员给予积极的引导，提高他们的参与率与积极性，以保证考核信息的真实性。

(4) 评估与反馈阶段

① 展开评估。根据收集到的各种相关信息，采用各种科学的方法对评估者的工作绩效予以评估，给出评估结果。

② 反馈面谈。在对评估者的评估工作完成之后，应及时将评估结果的相关信息反馈给被评估者。一般可由被评估者的直接上级、人力资源部工作人员或者外部专家，根据评估结果，以面谈的方式向被评估者提供反馈，帮助其分析工作中哪些地方做得比较好，哪些地方还需改进以及如何改进等问题。

6.1.3 KPI考核法

KPI考核法（关键绩效指标考核法）即根据宏观的战略目标，经过层层分解之后提出的具有可操作性的战术目标，并将其转化为若干个考核指标，然后借用这些指标，从多个维度，对组织或员工个人的绩效进行考核的一种方法。

关键绩效指标（KPI），是用来衡量某一职位工作人员工作绩效表现的量化指标，它来自对企业总体战略目标的分解，反映最能有效影响企业价值创造的关键驱动因素。基于这样的关键绩效指标对员工的绩效进行评价，就可以保证真正对组织有贡献的行为受到鼓励。

(1) 关键绩效指标确立的SMART原则

关键绩效指标的确立有一个很重要的原则，即SMART原则，其具体内容如表6-6所示。

表6-6 关键绩效指标确立的SMART原则

SMART原则	内容说明
Specific，明确的、具体的	即指绩效指标要切中特定的工作目标，不是笼统的，而是应该适度细化，并且随情境变化而发生变化
Measurable，可度量的	是指绩效指标或者是数量化的，或者是行为化的，同时需验证这些绩效指标的数据或信息是可以获得的
Attainable，可实现的	是指绩效指标在付出努力的情况下可以实现，主要是为了避免设立过高或过低的目标，从而失去了设立该考核指标的意义
Realistic，现实的	指的是绩效指标是实实在在的，可以通过证明和观察得到，而并非假设的
Time-bound，有时限的	是指在绩效指标中要使用一定的时间单位，即设定完成这些绩效指标的期限，这也是关注效率的一种表现

为了更清晰地对SMART原则进行说明，图6-9列举了一个实例对此加以分析。

目标的设定	SMART原则判断
完成对技术人员操作技能的培训并取得较好的效果	明确、不可度量、无明确的完成时限
⇩	
完成对技术人员操作技能的培训，达到85%的参训人员培训考核成绩在80分以上	明确、可度量、无明确的完成时限
⇩	
7月15日前完成对技术人员操作技能的培训，达到85%的参训人员培训考核成绩在80分以上	明确、可度量、有明确的完成时限

图6-9 关键绩效指标设置实例

（2）提取关键绩效指标的方法

图6-10给出了4种提取关键绩效指标的方法，并对鱼骨分析法和目标分解法进行了简要的说明。

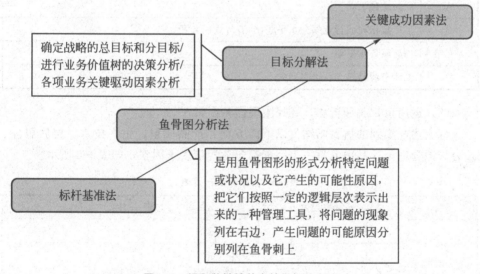

图6-10 提取关键绩效考核指标的方法

设计关键考核指标的方法有很多，关键成功因素法便是其一。运用该方法建立KPI，首先要分析完成该目标有哪些影响因素，然后选出其中最关键的若干因素，再针对这些影响因素的衡量指标，确定KPI。如某企业的战略目标是跨入同行业的前列，其中很重要的一个衡量因素就是企业利润的增长，现就该因素设计其关键绩效指标，见图6-11。

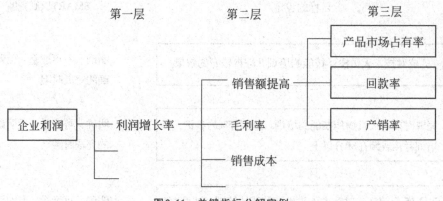

图6-11 关键指标分解实例

某企业在过去几年的经营过程中,效益不断呈上升趋势。可近来却发展缓慢,于是,公司召开会议共同探讨如何有效地解决这一问题。

(1) 运用头脑风暴法收集相关信息(见表6-7)。

表6-7 信息收集结果汇总表

人员	影响企业效益的因素
A	产品质量下降
B	生产技术与同行业领先水平相比,有较大的差距
C	售后服务水平差
D	人才资源管理存在诸多问题

(2) 运用鱼骨头分析法,寻找主要影响因素

将上述收集到的信息归纳为以下四方面:产品质量、生产技术、售后服务、人力资源管理,这其中的每一个因素都包含着诸多子因素,如表6-8所示。

表6-8 因素分解一览表

目标	主要影响因素	各子因素
企业取得良好的效益	产品质量	次品率偏高
	生产技术	设备更新不及时 先进生产技术引进的力度较弱
	售后服务	服务态度较差 部分人员工作技能尚需提高
	人力资源管理	关键人才培养不及时 各部门培训计划工作没有认真落实 绩效考核工作重形式,轻成效

将表中的这些因素用鱼骨头的形式表现出来，制订出相应的行动计划。

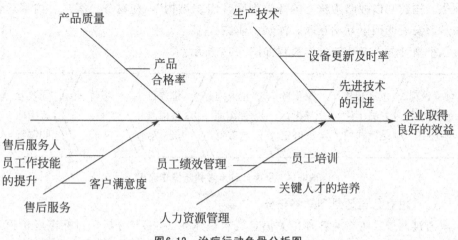

图6-12　治疗行动鱼骨分析图

在图6-12中，图的右边即鱼头部分，是此次活动的目标——企业取得良好的效益，图的左边，罗列出了达到目标要采取的行动。

根据制订的行动计划，找出衡量指标，即所谓的关键绩效考核指标，如图6-13所示。

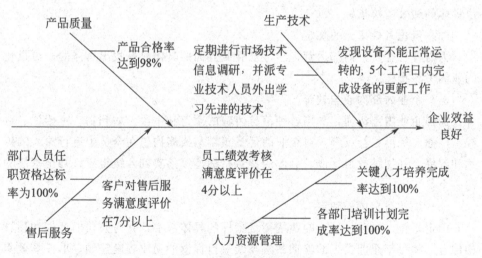

图6-13　治疗指标鱼骨分析图

6.1.4　平衡计分卡考核

平衡计分卡（Balanced Score Card，BSC）它把对企业业绩的评价划分为财务、内部运营、客户及学习发展四个方面，它不仅是一个指标评价系统，而且还是一个战略管理系统，是企业战略执行与监控的有效工具。

平衡记分卡的特点是始终把组织战略和愿景放在其变化和管理过程中的核心地位。构建"以战略为核心的开放型闭环组织结构"，使财务、客户、内部运营和学习发展四因素互动互联，浑然一体。

平衡计分卡考核法操作流程如图 6-14 所示。

图6-14　平衡计分卡考核法操作流程

(1) 建立公司远景和战略任务

通过调查采集企业各种相关信息资料，运用 SWOT 分析、目标市场价值定位分析等方法对企业内外部环境和现状进行系统全面的分析，进而确立企业的远景和战略任务。

(2) 就企业的远景和战略达成共识

与企业的所有员工沟通企业的远景与战略任务，使其对企业的远景和战略任务达成共识。根据企业的战略，从财务、客户、内部运营、学习发展四个方面设定具体的绩效考核指标。

(3) 量化考核指标的确定

为财务、客户、内部运营、学习发展四方面的具体目标找出具体的，可量化的业绩考核指标。

(4) 企业内部沟通与教育

加强企业内部沟通，利用各种信息传输的渠道和手段，如刊物、宣传栏、电视、广播、标语、会议等，对企业的远景规划与战略构想在全员中进行深入的传达和解释，并把绩效目标以及具体的衡量指标逐级落实到各级组织，乃至基层的每一个员工。

(5) 绩效目标值的确定

确定每年、每季、每月的业绩衡量指标的具体数字，并与公司的计划和预算相结合。将每年企业员工的浮动薪酬与绩效目标值的完成程度挂钩，形成绩效奖惩机制。

(6) 绩效考核的实施

为了切实保障平衡计分卡的顺利实施，应当不断强化各种管理基础工作，如完善人力资源信息系统，加强定编定岗定员定额，促进员工关系和谐，注重员工培训与开发等。

(7) 绩效考核指标的调整

考核结束后,及时将绩效考核结果汇报给企业各个部门,听取员工的意见,通过评估与反馈分析,对相关考核指标做出调整。

6.1.5 OKR 绩效考核

OKR 全称是 Objectives and Key Results,即目标与关键成果法。

OKR 是一套定义和跟踪重点目标及其完成情况的管理工具和方法。Objectives 是目标,KeyResults 是关键成果。OKR 要求公司、部门、团队和员工不但要设置目标,而且要明确完成目标的具体行动。对 OKR 设定的基本要求如图 6-15 所示。

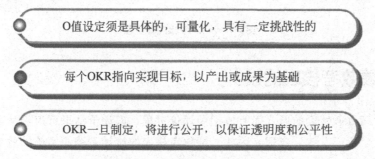

图 6-15　OKR 设定的基本要求

来看一个例子,这是一个研发负责人提出并负责的 OKR,具体内容见图 6-16。

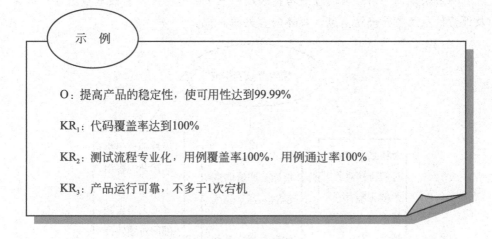

图 6-16　OKR 设定示例

OKR 主要的目的是为了更有效率地完成目标任务,并且依据项目进展来考核的一种方法。它的主要流程是一个循环,具体内容见图 6-17。

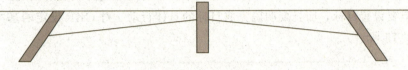

①设定目标。设定的目标必是具体的、可衡量的,具体到时间段、数量、金额等,此外,设定的目标必须具有一定的挑战性

② 对关键性结果进行可量化的定义,并且明确达成目标的/未完成目标的措施

③ 共同努力达成目标

④ 根据项目进展进行评估

图6-17　OKR考核实施流程

6.2 绩效考核表的设计

通过绩效考核表的形式能有效记录评价过程,以评价结果可追溯从而推动绩效评价的公正、有效、合理。因此,绩效考核表的设计是企业实施绩效考核工作的很重要一环。

6.2.1 绩效考核表设计要点

一般来说,一份完整的绩效考核表需由三个部分构成:考核基本信息、指标及评价信息及考核确认信息。具体内容见图 6-18。

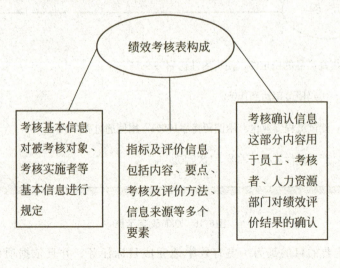

图6-18　绩效考核表的构成

此外，还可以在考核表中加入如图 6-19 所示的 2 个模块，具体内容如下。

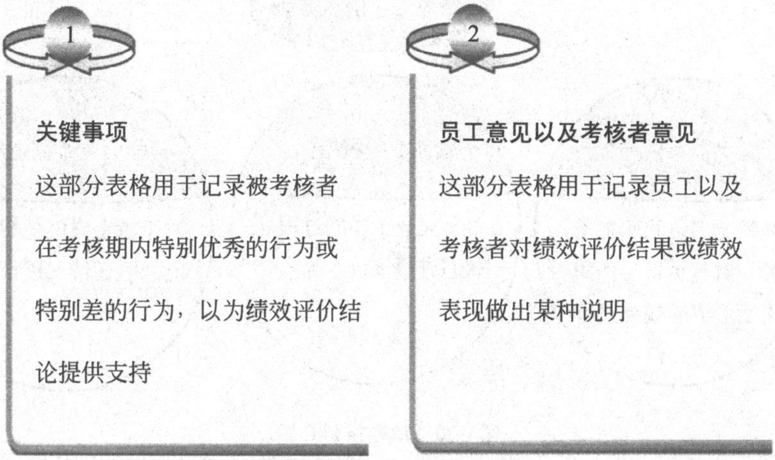

关键事项

这部分表格用于记录被考核者在考核期内特别优秀的行为或特别差的行为，以为绩效评价结论提供支持

员工意见以及考核者意见

这部分表格用于记录员工以及考核者对绩效评价结果或绩效表现做出某种说明

图6-19　可加入的内容

指标及评价信息是绩效考核表的主体，下面对这一内容予以详细说明，指标及评价信息一般由指标类别、考核指标、分值/权重、指标定义/计算公式、目标值、评分标准、信息来源及评价结果八个要素组成，如表 6-9 所示。

表6-9　标及评价信息示例

指标类别	考核指标	分值/权重	指标定义/计算公式	目标值	评分标准	信息来源	评价结果
业务类	销售额完成率		销售额完成率＝实际销售额/计划销售额×100%	100%	每高出目标值____%，减____分；每低于目标值____%，减____分	销售部财务部	

（1）指标类别

指标类别用于指明工作评价的方向，对指标的性质进行类别区分，在同一类别下可以有多个指标项目。如一般绩效考核中的指标类别可区分为"业务类""管理类"及"能力类"三大类，图 6-20 对三大指标类别进行说明。

（2）考核指标

明确指出特定岗位需要考核的要点，是指标类别的细分化及具体化。一般而言，考核表中的指标项不易轻易变动，但目标值需根据工作开展的实际情况实施修订，以确保考核的针对性及有效性。

（3）分值/权重

用于区分各指标项的权重，一般而言各个指标项的标准分值之和为 100 分，权重之和为 100%。

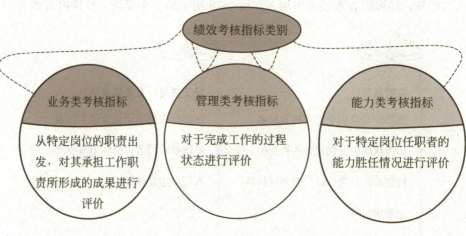

图6-20 指标类别介绍

（4）指标定义/计算公式

它是具体描述某个既定的指标项的含义，给出评价该指标的具体方法。一般定量评价的指标项必须给出指标的计算公式，而定性评价的指标也需要对该指标的具体内容进行描述，以给考核实施人提供明确的考核方法指引。

（5）目标值

目标值指某个具体指标需要完成的目标值，用于给出衡量既定指标的基准。

（6）评分标准

评分标准与标准值直接联系在一起，用于给出是否完成或完成情况的直接评价，是具体的计分方法。

关于考核指标的评分标准，其设计方法有多种，下面介绍其中的3种。具体内容见表6-10。

表6-10 考核指标评分标准设计

方法	内容介绍
比值法——将完成值和目标值直接比较	①具体操作：指标绩效分值=（指标完成值/指标目标值）×100 ②示例：目标销售额为10万元，实际完成的销售额为1万，依照上述算法，该项考核得分为10分
加减分法——根据完成情况进行加减分的操作	①对于趋高好的指标，如利润、收入等，将指标完成情况与目标值相比较，每增加____个单位，加____分；每减少____个单位，减____分 ②对于趋低好的指标，如费用、核心员工流失率等，将指标完成情况与目标值相比较，每减少____个单位，加____分；每高出____个单位，减____分

续表

方法	内容介绍
区间法——根据目标值完成的区间范围	①设计完成值的上线限,例如"差错发生次数",___次以下,___分;___次以上,0分 ②设计上下限的区间值,仍以"差错发生次数"这一指标为例,3次以内,___分;4~6次,___分;7次及以上,___分

(7)信息来源

信息来源用于表明评价的可靠性,每个指标的基础数据都必须有明确的来源,一般信息应来源于考核人及被考核人以外的第三方。

(8)评价结果

评价结果是既定指标项的具体得分,每个指标的评价结果相加即为该特定岗位任职者的具体考核得分。

根据绩效考核量表设计说明,设计出如表 6-11 所示的绩效考核量表模板,供读者参考。

表6-11 绩效考核表模板 1

××绩效考核量表							
被考核岗位			所属部门			评价日期	
考核岗位			所属部门			评价日期	
指标类别	指标项目	分值/权重	指标定义/计算公式	目标值	评分标准	信息来源	评价结果
合计		100%					
被考核岗位签字				考核岗位签字			

绩效考核表的样式是很灵活的,下面另外提供了 3 种形式(表 6-12~表 6-14),仅供读者参考。

表6-12 绩效考核表模板2

考核项目	考核指标	分值/权重	指标说明及考核标准	得分

表6-13 绩效考核表模板3

考核指标	目标值			分值	考核得分	数据来源	考核周期
	最高目标	考核目标	最低目标				

表6-14 绩效考核表模板4

被考核人姓名_____ 所属部门_____ 考核时间_____

指标维度	量化指标	权重	绩效目标值	考核频率	数据来源	考核得分
财务						
内部运营						
客户						

续表

量化考核得分合计	
指标说明	
权重说明	
考核结果核算说明	
考核关键问题说明	
被考核人签字： 日期：	考核人签字： 日期：

6.2.2 公司高管绩效考核量表设计

公司对高管绩效考核量表进行设计时，高层管理人员的考核指标要与企业整体效益相结合，能够比较全面且重点突出地反映公司的经营、管理情况。公司对高管绩效考核量表进行设计时，可选择三种维度。

（1）平衡计分卡思路

应用平衡计分卡的基本思路，即设置财务、客户、内部运营及学习发展四个维度，通过客户、内部运营及学习发展三个维度指标的驱动，来保证财务维度指标的最终实现，进而实现企业的经营战略。

（2）管理控制与发展思路

通过将经营财务、经营管理控制和发展等目标或压力进行科学分解，责任到人，做到责、权、利相统一，以调动高管人员的工作积极性和责任心，使其努力创造出符合企业要求的业绩。据此，设计高管绩效考核量表的维度如图 6-21 所示。

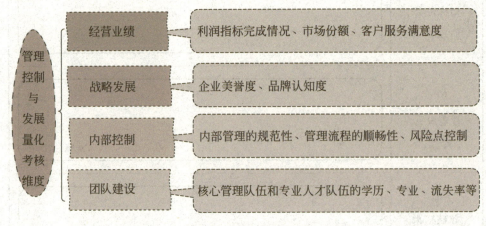

图6-21　量化考核维度

6.2.3　公司部门绩效考核量表设计

公司部门绩效考核量表主要包括两方面的内容：一是部门业绩；二是部门配合满意度，权重分别通常设置为 70% 和 30%。

（1）部门业绩

部门业绩就是工作计划完成情况，工作计划来自以下三个方面的内容，具体如下所示。

① 部门工作计划紧紧围绕企业的总体目标分解而来。每个企业，每年都有一个总体目标，每年都有工作的重点，每年都有管理的要点。要使部门的工作目标与企业的总体目标协调一致，方法只有一个，那就是：部门制订年度工作目标、季度目标时，要同企业的目标、工作重点、管理要点保持一致。

② 除①之外的部门每季度工作中的重点、难点，需要强化薄弱环节。

③ 部门根据上级临时分配的追加的工作任务。职能部门员工的工作比较多样、繁杂，因此，在实际工作过程中，尤其是在管理还不太规范的企业，这种临时性突发工作任务是不可避免的。这些工作任务如果不考虑在考核范围内，就不能完全衡量员工的业绩表现。

（2）部门配合满意度

部门主要发挥指导、监督、服务的职能，他们本身并不能直接创造利润，而只能通过与其他部门的配合协作，促进企业整体业绩提升。而且在企业专业化分工越来越清晰的情况下，单靠某个部门或某个人是不能提高企业绩效的，这就要求部门之间必须加强相互配合协作，提高团队意识。虽然某项工作由某一部门承担，但是，其他部门配合的好坏将对该业务的完成情况产生重要影响。

为了督促部门间更好的配合，一般会设定"部门配合满意度"、"协作工作完成质量"、"配合工作完成效率"和"工作配合态度"等评价指标。

6.2.4 公司员工绩效考核量表设计

公司员工岗位绩效考核量表设计根据岗位主要分为 2 级：一级是部门经理绩效考核量表；二级是岗位绩效考核量表。部门经理绩效考核量表的考核内容通常采用平衡计分卡进行设计。岗位绩效考核量表的考核内容根据上级目标层层分解来确定，同时结合岗位主要工作内容进行设计。

下面提供了 3 个职位的考核表（表 6-15～表 6-17），仅供参考。

表6-15 网店售后客服绩效考核量表

考核项目	考核指标	权重	指标说明及考核标准	得分
客户投诉受理	平均响应时间	20%	①指顾客咨询到售后客服回应的每一次时间差的均值 ②每超出目标值____个单位,减____分	
	客户投诉问题解决率	30%	①即解决的投诉问题占全部投诉问题的比率 ②考核期内,目标值为____%；指标值每降低____个百分点,该项减____分；指标值低于____%,该项不得分	
客户服务管理	店铺 DSR 评分	20%	①店铺 DSR 评分是指连续____个月内所有客户给予评分的算术平均值 ②考核期内,目标值为____%；指标值每降低____个百分点,该项减____分；指标值低于____%,该项不得分	
	退货工作流程执行	10%	出现不符合公司规定的行为,减____分/次	
工作配合	及时性	10%	①是否在规定时间内响应他人的需求 ②考核期内,每有一次配合不及时的情况,减____分	
	投诉率	10%	考核期内,每有一起投诉,减____分	

表6-16 网店美工绩效考核量表

考核项目	考核指标	权重	指标说明及考核标准	得分
专业能力	设计能力	20%	创新能力强,能独立完成设计任务并且质量高,____分 能独立完成设计任务并且质量高,____分 能独立完成设计任务,设计质量较为满意,____分 无法独立完成设计任务,设计能力有待提升,____分	
工作效果	首页、产品详情页面停留时间	20%	≥____秒,____分 ____~____秒之间,____分 ≤____秒,____分	
	店铺访问深度	20%	≥____秒,____分 ____~____秒之间,____分 ≤____秒,____分	
	错误率	20%	每出现一处错误,减____分	
工作配合	及时性	10%	①是否在规定时间内响应他人的需求 ②考核期内,每有一次配合不及时的情况,减____分	
	投诉率	10%	考核期内,每有一起投诉,减____分	

表6-17 市场调研专员绩效考核量表

考核指标	权重	目标值	评分标准	考核得分	数据来源
市场信息收集准确及时率	20%	100%	①每低于目标值____%,减____分 ②该指标值低于____%时,该项不得分		市场部
市场调研计划完成率	30%	100%	①考核得分=市场调研计划完成率×权重×100 ②该指标值低于__%时,该项不得分		市场部
市场调研报告制订及时率	20%	100%	①考核得分=市场调研报告制订及时率×权重×100 ②该指标值低于__%时,该项不得分		市场部
市场调研报告价值性	30%		等级1:90~100分;等级2:80~89分;等级3:70~79分;等级4:60~69分;等级5:0分		市场部、销售部

6.3 绩效考核工作实施设计

绩效考核是一项复杂的系统工程，涉及绩效计划、监控、考核流程、成果运用等事项，在考核实施之前，需制定一套完善的制度来规范考核事宜。

绩效考核的目的是通过考核来改善员工的工作表现，提高员工的工作业绩，以达到企业的经营目标，并提高员工的满意程度和未来的成就感。

（1）绩效考核原则（见图6-22）

公开与开放原则
① 公开与开放式的绩效考评主要体现在两个方面：一是绩效管理制度必须建立在公平、开放的基础上，最大限度地减少考核者和被考核者双方对考评工作的神秘感；二是评价标准是十分明确的
② 一个良好的绩效考核体系只建立在公开和开放的前提下，才有可能取得上下员工的认同，从而推动其具体实施

反馈与修改的原则
即在绩效考评之后，及时与被考核者进行沟通，把结果反馈给被考核者，同时听取被考核者的意见，其中正确的行为、方法、程序、计划等保持下来，不足之处的部分，要加以纠正和改进

可靠性与正确性原则
① 可靠性与正确性是保证绩效考核有效性的充要条件。可靠性，又称信度，绩效考核的信度是指绩效考核的方法应保证收集到的人员能力、工作结果、工作行为与态度等信息的稳定性和一致性，它强调不同评价者之间对同一个人或一组人评价的一致性
② 正确性，又称效度，是指测量的结果有效地反映其所测量的内容的程度。绩效考核的效度是指绩效考核方法测量人的能力与绩效内容的准确性程度，它强调的是内容效度，即考核能否真实地反映特定工作的内容（行为、结果和责任）的程度

定期化与制度化原则
① 绩效考核既是对员工能力、工作结果、工作行为与工作态度等的评价，也是对他们未来行为表现的一种预测。它是一个连续性的管理过程
② 绩效考核的程序化、制度化，有利于了解员工的潜能，发现组织中存在的问题，从而有利于组织绩效提升

可行性和实用性原则
① 所谓可行性是指任何一次考核方案所需时间、人力、物力、财力要能够为使用者及其实施的客观环境和条件所允许。因此，它要求制定考核政策和方案时，应根据考核目标合理设计
② 进行可行性分析。主要包括限制因素分析、目标与效益分析、潜在的问题分析三个方面的内容；实用性分析主要包括两个方面的内容：一是考评的方案应适合企业不同部门和岗位的人员素质的特点和要求；评二是考评的方法和工具应适合不同考评的目的和要求，据此来设计测工具

图6-22 绩效考核的原则

(2) 绩效考核的内容

绩效考核大体上可以分为业绩、能力、态度三方面的内容，如图 6-23 所示。

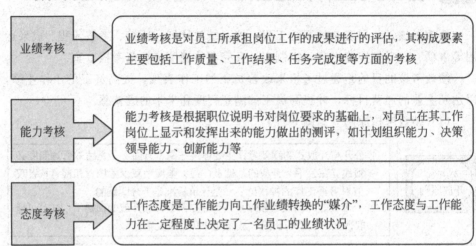

图6-23　绩效考核的内容

(3) 绩效考核的分类

按照不同的划分标准，绩效考核可以被分为不同的类型，具体内容如图 6-24 所示。

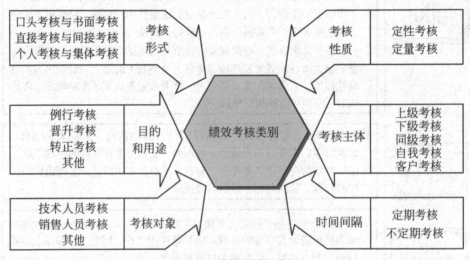

图6-24　绩效考核的类别

6.3.1　考核工作实施细则设计

为对周期不同、责任主体不同、开展方式方法程序亦不同的绩效考核工作进行统一的指导与说明，企业应设计绩效考核工作的实施细则。具体在设计绩效考核工作实施细则时,相关人员应掌握以下三大要点。

(1)绩效考核工作实施细则特点

绩效考核工作实施细则既具有一般细则的共性特点,也具有自己的个性特点。具体如图6-25所示。

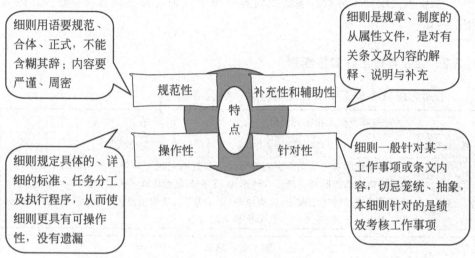

图6-25 绩效考核工作实施细则特点

(2)绩效考核工作实施细则设计要素

绩效考核工作实施细则的设计要素主要包括标题、正文、落款三部分内容。具体绩效考核工作实施细则的设计要素如图6-26所示。

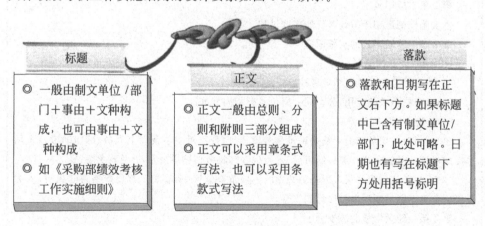

图6-26 绩效考核工作实施细则设计要素

在设计正文时,相关人员应该掌握以下内容。

① 总则是对细则编制的目的、根据、适用范围、执行原则等的说明。

② 分则是根据法律、法规、规章的有关条款制订出的具体执行标准、实施

措施、执行程序和奖惩措施。

③ 附则主要是用来说明解释权、施行时间、未尽事宜等。

④ 在章条式中,第一章是总则,最后一章是附则,中间各章是分则,每章有若干条款。

⑤ 条款式细则不分章,各条款内容相当于章条式各条,但项目略少,内容更加具体。

6.3.2 绩效考核工作实施细则

下面为绩效考核工作实施细则范例,供读者参考。

绩效考核工作实施细则		编 号	
执行部门	监督部门	受控状态	
细则设计指南	企业设计绩效考核工作实施细则的主要目的是规范绩效考核工作的实施程序,确保绩效考核的顺利实施。具体来说,企业在设计绩效考核工作实施细则时,应对绩效考核细则的适用范围、实施原则、职责划分、绩效信息的收集、绩效评分、绩效考核等级划分、绩效考核注意事项等予以规范。		

第 1 章　总　则

第 1 条　目的

为进一步规范绩效考核工作的组织实施,以便更好地指导相关部门及人员的绩效考核工作,确保绩效考核公平、公正、公开、科学地进行,真实反映被考核人的绩效成绩,特制定本实施细则。

第 2 条　适用范围

本实施细则适用于绩效考核的实施过程。

第 3 条　绩效考核的实施原则

1. 公平、公开性原则

(1)公司员工都要接受绩效考核。

(2)对考核结果的运用,公司同一岗位执行相同标准。

2. 定期化与制度化原则

(1)公司对基层员工的考核采用每月考核方法,公司对中层及以上人员、部门的考核采用季度加年度的考核方法。考核结束后,人力资源部将考核结果公布,并兑现奖惩。

(2)绩效考核作为公司人力资源管理的一项重要制度,所有员工都要严格遵守执行,人力资源部负责不断对制度进行修订和完善。

第 4 条　绩效考核的职责分工

(1)总经理负责中、高层管理人员的考核工作,同时指导、监督公司整体绩效管理工作的开展。

(2)人力资源部的职责如下。

①负责对各部门进行绩效考核培训和辅导。

②定期组织实施、推进公司的绩效考核工作。

③监控、稽查各部门绩效考核的过程与结果。
④接收、协调处理员工的考核申诉。
(3)各部门负责人的职责如下。
①考核实施过程中,与被考核者进行持续沟通,并给予必要的资源帮助和支持。
②记录、收集被考核者的绩效信息,为绩效评价提供事实依据。
③考核评价被考核者的工作绩效。
④与被考核者进行绩效沟通,提出绩效改进建议,共同制订绩效改进计划。
(4)员工需按照要求填写绩效考核表,并制订个人绩效改进计划。

第 2 章 绩效考核

第 5 条 绩效信息收集与整理

绩效考核人员根据实际情况开展日常的绩效信息收集与记录工作,为绩效考核评价提供依据。本公司绩效信息的收集方法主要有工作记录法、观察法、抽查法、关键事件法、问卷调查法五种。

第 6 条 培训与指导

人力资源部对相关人员进行绩效考核工作培训和指导,培训内容包括考核程序、考核内容和项目解释、考核标准、考核纪律等。

第 7 条 发布考核通知

人力资源部向所有考核人员及被考核人员发布考核通知,考核通知应明确考核类别、考核标准、考核表填写要求及提交时间等。

第 8 条 月度绩效考核

(1)员工、班组长按照绩效考核要求,在每月初第一个工作日进行自我评估并填写考核表,而后将自我评估表按期报送到人力资源部。

(2)班组长每月初第二个工作日完成对下属的考核,次日早呈报给直属主管审核。

(3)部门主管每月初第三个工作日审核班组长上报的员工绩效考核表,并将审核结果报送到人力资源部。同一天,部门主管完成对班组长的考核,次日早呈报给上级经理审核。

(4)上级经理审核结束后,将班组长考核审核结果报送到人力资源部。

第 9 条 季度绩效考核

1. 季度中高层考核

(1)经理每季度首月第三个工作日完成对下属主管的考核,次日早呈报给中心副总经理审核。

(2)中心副总经理每季度首月第五个工作日审核经理上报的主管绩效考核表,并将审核结果报送到人力资源部。同一日中心副总经理完成对经理的考核,次日早呈报给总经理审核。

(3)总经理每季度首月第七个工作日审核中心副总经理上报的经理绩效考核表并完成对中心副总的考核,次日将结果报送到人力资源部。

2. 季度部门考核

(1)总经理组织相关人员成立考核小组。考核小组一般由总经理、中心副总经理及相关专业人才构成。

(2)季度结束后,次季度首月前三个工作日内,各部门主管根据内控指标实际完成值,在考核小组会议中进行自评,填写"部门绩效考核表",由考核小组会议审核。

(3)季度结束后,次季度首月的周例会上,各部门自报内控指标实际完成值,考核小组根据各部门考核指标实际完成情况进行考评。

(4)部门绩效考核结果经总经理签字确认后生效。

第10条　年度绩效考核

考核小组根据中高层、部门的季度考核成绩,结合年度考核标准,对中高层、部门进行年度考核。

第11条　监督与检查

人力资源部在绩效考核实施过程中,负责监督和检查考核的落实情况,并为考核者提供指导。

第12条　分值统计

人力资源部根据各部门、各员工的考核评分表及考核计分规则等,计算出被考核者的最终得分,并确定其最终等级。

第3章　绩效等级划分

第13条　绩效考核等级划分

绩效考核结果共分为 A 级、B 级、C 级、D 级、E 级五等。具体划分标准如下。

(1)A 级:85 分以上,年度考核成绩在 85 分(含)以上。

(2)B 级:80～85 分,年度考核成绩在 80 分(含)以上,85 分以下。

(3)C 级:70～79 分,年度考核成绩在 70 分(含)以上,80 分以下。

(4)D 级:60～69 分,年度考核成绩在 60 分(含)以上,70 分以下。

(5)E 级:60 分以下,年度考核成绩不满 60 分。

第14条　有下列情形之一者,其考核成绩不得列为 A 级。

(1)严重违反公司纪律,给公司带来恶劣影响或严重损失,被处于记大过处分的。

(2)迟到或早退累计____次以上者。

(3)旷工两日以上者。

(4)请事假超过____天及以上者。

第15条　有下列情形之一者,其考核成绩不得列为 B 级。

(1)迟到或早退累计 10 次以上者。

(2)除法定假请假外,请假超过____天者。

第16条　考核等级分配

公司对考核等级的分配不做硬性规定,但 A 级和 E 级的比例均不得超过 5%。

第4章　绩效考核注意事项

第17条　下列人员不得参加年度绩效考核。

(1)入职未满半年者。

(2)停薪留职及复职未达半年者。

(3)已应征入伍者。

续表

(4) 曾受留职查看处分者。
(5) 中途离职者。

第18条 由于人为原因或者其他原因引起的考核结果失效,由绩效考核小组进行调查核实后予以改正,并在公司公共场合发布绩效结果更改通知。

第5章 附则

第19条 本细则由人力资源部制定,其解释权及修订权归人力资源部所有。
第20条 本细则自发布之日起正式实施。

编制日期		审核日期		批准日期	
修改标记		修改处数		修改日期	

6.4 绩效目标考核办法

6.4.1 生产经理目标责任考核办法

下面是生产经理目标责任考核办法范例,供读者参考。

第1条 考核目的
通过对生产经理的绩效给予科学合理、公平、公正的评价,并赋予合理的报酬和激励,全面提升公司绩效水平,确保公司经营计划的全面实现和可持续性发展。

第2条 考核职责权限划分
(1) 公司人力资源部负责拟定生产经理绩效考核办法。
(2) 总经理负责年度目标的分解,并负责与生产总监商定绩效考核相关内容。
(3) 公司总经理负责生产经理绩效考核结果审核。

第3条 绩效考核实施
(1) 实行百分制考核,全面完成考核指标基础分为100分。
(2) 建立绩效计划实施目标,考核按事项进行。
(3) 绩效目标制订后由总经理与生产经理签署绩效合约。
(4) 考核周期采取半年度进行一次绩效考核,年终进行一次总体考核。

第4条 考核内容
对于生产经理的考核主要从生产管理制度建设、生产任务、生产质量、生产成本、生产交期、生产安全、生产现场管理、部门管理与协调8个方面进行考核。

1. 事项一:生产管理制度建设(10%)
生产管理制度完善、无重大漏洞、无不可执行的条款,则得满分;存在一项重大漏洞,减____分;存在一项完全不可行的条款,减____分。

2. 事项二:生产任务(15%)
生产任务完成率达____%,则得满分;每低于____%,减____分;低于____%,不得分。

续表

3. 事项三:生产质量(15%)

生产质量合格率达____%,则得满分;每低于____%,减____分;低于____%,不得分。

4. 事项四:生产成本(15%)

单位生产成本降低率达____%,则得满分;每低于____%,减____分;低于____%,不得分。

5. 事项五:生产交期(10%)

延迟交货的批次数每有1次,减____分;高于____批,不得分。

6. 事项六:生产安全(15%)

无生产安全事故,得满分;每发生1例一般生产安全事故,减____分;每发生1例严重生产安全事故,减____分;每发生1例重大生产安全事故,不得分且考核结果不得评为好及以上的等级。

7. 事项七:生产现场管理(10%)

生产现场5S检查平均得分达____分,得满分;每低于____%,减____分;低于____分,不得分。

8. 事项八:部门管理和协调(10%)。

部门培训次数每少于计划1次,减____分;因与其他部门或者外部单位沟通协调不力导致生产工作不能顺利进行,每发生1次,减____分。

第5条 考核结果管理

(1)根据考核得分确定生产经理的绩效工资。

(2)根据考核得分确定生产经理的培训计划。

(3)作为生产经理职务升降的重要依据。

编制日期		审核日期		批准日期	
修改标记		修改处数		修改日期	

6.4.2 研发经理目标责任考核办法

下面是研发经理目标责任考核办法范例,供读者参考。

第1条 目的

为明确各岗位工作目标和工作责任,公司特制定本办法,以确保研发目标的按期完成。

第2条 责任期限

____年____月____日~____年____月____日。

第3条 考核办法

1. 业务目标考核

公司拟从下表所示的6个方面对研发部经理业务完成情况进行考核。

续表

××公司研发经理业务目标考核

指标名称	评分说明
新产品研发计划完成率	时间进度:按《项目书》中描述的阶段性成果是否按期实现为准 每提前1天,加____分;因本人的责任,每延迟1天,减____分
	技术指标:按《项目书》中规定的技术指标是否达到为准 每有1项未达到,减____分
产品投入市场的稳定性	更改次数≤____,得____分;更改次数____,得分为0
产品改良计划完成率	时间进度:按《项目书》中描述的阶段性成果是否按期实现为准 每提前1天,加____分;因本人的责任,每延迟1天,减____分
	技术指标:按《项目书》中规定的技术指标是否达到为准 每有1项未达到,减____分
研发成本	研发成本控制在预算内,每超出预算____%,减____分
技术创新项次	每有1项,加____分
合理化建议数量	对测试方法、设备、改良产品管理手段等提出合理化建议而被采用的,加____分/次

2. 管理绩效

(1)其他部门(市场、生产等)及客户对研发系统的有效投诉数,每出现1例,减____分。

(2)员工培养,考核期内培养____名骨干员工,每少1人次,减____分。

(3)下属行为管理:下属有无重大违反企业规章制度的行为,每有1例,减____分。

(4)员工培训计划完成率达100%,每有1次未按计划完成的,减____分。

(5)研发成本不超出预算,每超出____%,减____分。

第4条 考核实施管理

(1)签订岗位责任书。通过岗位责任书的签订进一步明确研发经理的责任。

(2)关于临时性工作的考核。根据阶段工作需要,公司临时安排的检查、抽查或临时布置的工作,其考核结果列入当期考核成绩并兑现奖惩。

第5条 绩效奖惩

(1)研发经理绩效薪酬属于浮动部分,根据考核结果进行计发。

(2)对工作中表现突出、在技术领域取得重大突破等行为者,公司另给予特别奖励。

第6条 附则

(1)岗位责任人在工作过程中,可以根据公司的目标、部门的工作目标和工作计划的变化和工作的实际需要,对工作计划进行变更,计划变更经直接上级批准后生效。

续表

(2)本目标考核管理办法未尽事宜,情况发生时在征求公司总经理意见后,由公司另行研究确定解决办法。

编制日期		审核日期		批准日期	
修改标记		修改处数		修改日期	

6.4.3 市场经理目标责任考核办法

下面是市场经理目标责任考核办法范例,供读者参考。

第1条 考核目的

为规范市场部经理工作绩效,促进市场部经理更好地履行职责,确保市场部各项工作顺利完成,公司特制定本考核办法。

第2条 目标责任期限

____年____月____日～____年____月____日

第3条 目标责任考核内容及分值评定

1. 业务目标责任与考核标准

(1)组织做好市场调研工作(15%)。

①完成市场调研报告的数量每减少____篇,扣____分;市场调研报告数量少于____篇,该项不得分。

②公司领导对市场调研报告质量的满意度评分每减少____分,扣____分;领导对市场调研报告质量的满意度评分低于____分,该项不得分。

(2)组织编制工作计划和策划方案(15%)。

①考核期内,工作计划按时提交,得____分;每缺少1次工作计划,扣____分/次;缺少次数超过____次,该项不得分。

②考核期内,市场策划方案保质、保量提交,得____分;每延迟1次提交,扣____分;在公司内部未一次性通过,扣____分/次;扣完为止。

(3)做好市场推广目标管理(20%)。

①考核期内,产品市场占有率达____%以上,得____分;每降低____%,扣____分;低于____%,该项不得分。

②产品市场知名度提升____%,得____分;每降低____%,扣____分;低于____%,该项不得分。

(4)控制市场活动费用(15%)。

考核期内,开展市场活动的费用不能超过____万元,超额部分不予报销;费用每高于预算____%,扣____分;每出现1次计划外失控投入,扣____分;扣完为止。

(5)做好市场信息的反馈(10%)。

向各部门及时、准确反馈市场信息,得____分;出现1次未及时反馈信息的,扣____分/次;出现1次反馈虚假信息的,扣____分/次;由虚假性信息造成严重决策失误的,扣____分/次;扣完为止。

2. 管理目标责任内容与考核标准

(1)组织建立本部门管理制度、工作流程(10%)。

每缺少1项必备的条款或内容,扣____分;每发现1处管理漏洞(控制不到位),扣____分/处;扣完为止。

(2)做好部门员工管理工作(10%)。

①确保部门各项培训计划保质、保量完成,得____分;培训计划完成率每降低____%,扣____分;培训计划完成率低于____%,该项不得分。

②部门核心员工流失率控制在____%以内,得____分;每超出____%,扣____分;部门核心员工流失率高于____%,该项不得分。

(3)其他工作事项(5%)。

对领导交办的其他工作不推诿、按时保质完成,由主管领导根据完成情况酌情加减分。

第4条 目标责任考核程序和要求

1. 考核领导机构

市场部经理目标责任考核领导机构为目标责任考核领导小组,具体由公司总经理、人力资源部经理、财务部经理、销售部经理、生产部经理等相关部门负责人共同组成,具体负责审定考核办法、审核考核结果、最终裁决考核争议等工作。

2. 考核实施部门

人力资源部负责目标责任考核的具体实施工作;其他相关部门工作人员对考核工作应予以必要的配合。

第5条 考核结果运用

公司根据考核结果对市场部经理岗位实施奖惩。

(1)季度考核。具体实施方式如下表所示。

市场部经理岗位季度绩效目标考核结果运用

考核结果	结果评价	奖金调整
90分以上	优	给予季度奖金
80~90分	良	给予季度奖金的50%
60~80分	及格	不奖不扣
60分以下	差	奖金为0,且根据实际情况扣罚月工资

(2)年度考核。年度考核结果主要应用于年度奖金发放、下年度薪资调整、培训发展规划、晋升依据等人力资源相关决策,具体参见公司相关规定。

第6条 附则

(1)本办法由人力资源部负责解释。

(2)本办法自颁布之日起执行。

编制日期		审核日期		批准日期	
修改标记		修改处数		修改日期	

6.4.4 财务经理目标责任考核办法

下面是财务经理目标责任考核办法范例,供读者参考。

> **第 1 条 考核目的**
> 为了客观公正地评价财务经理的工作业绩,落实公司目标责任制,确保完成公司各项财务目标,提高公司的经济效益,特制定本目标责任考核办法。
>
> **第 2 条 考核形式**
> 对于财务经理以目标责任书的形式进行考核,即财务经理与公司签订目标责任书,实行年度考核。
>
> **第 3 条 目标责任及考核**
> 1. 考核项一:财务管理制度(权重 10%)
> 财务管理制度完善、规范、操作性强,则得满分;存在一项重大漏洞,减____分;存在 1 项完全不可行的制度条款,减____分。
> 2. 考核项二:预算管理(权重 15%)
> (1)财务预算编制及时,每有 1 次延迟,减____分。
> (2)对预算执行过程中出现的问题没有及时解决,每出现 1 次,减____分。
> (3)财务预算执行偏差率控制在±____%范围内,超出此范围标准,减____分/项。
> 3. 考核项三:筹资管理(权重 15%)
> (1)筹资任务完成率达____%,则得满分;每低于____%,减____分;低于____%,不得分。
> (2)筹资成本控制在预算内,则得满分;每高于____%,减____分;高于____%,不得分。
> (3)筹资结构存在严重不合理,减____分。
> 4. 考核项四:投资管理(权重 10%)
> 投资收益率高于____%,则得满分;每低于____%,减____分;低于____%,不得分。存在投资重大风险而没有相应的规避措施,减____分。
> 5. 考核项五:资金管理(权重 15%)
> (1)资金周转率不低于____次/年,每低 1 次,减____分。
> (2)资金利用率高于____%,则得满分;每低于____%,减____分;低于____%,不得分。
> (3)重大资金管理差错,每发生 1 次,减____分。
> 6. 考核项六:财务分析管理(权重 15%)
> (1)财务分析报告每有 1 处差错,减____分。
> (2)财务分析建议被采纳的数量,加____分/项。
> 7. 考核项七:成本控制(10%)
> 对各部门的成本进行控制,未能按照财务会计制度控制各项费用的情况每出现 1 次,减____分。
> 8. 考核项八:分管部门人员管理(10%)
> (1)部门培训计划完成率达到 100%,未完成该项工作,减____分。
> (2)及时公正地对下属人员进行考核,下属人员对绩效考核工作满意度评分在____分以上,加____分。
>
> **第 4 条 考核结果管理及应用(略)**

编制日期		审核日期		批准日期	
修改标记		修改处数		修改日期	

6.4.5 行政部经理目标责任考核办法

下面是行政部经理目标责任考核办法范例,供读者参考。

> **第1条 目的**
> 为了进一步规范岗位责任目标考核管理,充分发挥公司中层领导的主观能动作用,调动工作积极性,特制定本目标考核管理办法。
>
> **第2条 考核期限**
> ____年____月____日~____年____月____日。
>
> **第3条 薪酬标准**
> (1)行政经理年薪为____万元(年薪=固定薪酬×70%+浮动薪酬×30%)。
> (2)浮动薪酬根据年度考核得分进行发放。
>
> **第4条 目标责任及考核**
> 1. 目标项一:行政管理制度(权重15%)
> (1)目标责任:行政管理制度完善、无重大漏洞、无不可执行的制度。
> (2)考核标准:存在1项不规范的制度,减____分;存在1项完全不可行的制度,减____分。
> 2. 考核项二:行政办公文件资料管理(权重15%)
> (1)目标责任:行政办公文件处理及时率达____%,且无差错;资料文件及时归档且无毁损泄密等。
> (2)考核标准:文件处理及时率每低于目标值____%,减____分;文件处理差错每发生1次,减____分;资料文件每有1份延迟归档,减____分;重要资料文件每有1次泄密,减____分。
> 3. 考核项三:办公设备管理(权重15%)
> (1)目标责任:办公设备完好率达____%,办公设备维修及时率达____%。
> (2)考核标准:办公设备完好率每低于目标值____%,减____分;办公设备维修及时率每低于目标值____%,减____分。
> 4. 考核项四:办公用品管理(权重10%)
> (1)目标责任:办公用品在规定时间内发放,发放无差错。
> (2)考核标准:办公用品发放有延迟,减____分/次;办公用品发放差错每发生1次,减____分。
> 5. 考核项五:会议管理(权重15%)
> (1)目标责任:会议组织满意度评分达____分,会议记录完整且无差错。
> (2)考核标准:会议组织满意度评分每低于目标值____分,减____分;会议记录的信息不完整或有差错,减____分/处。
> 6. 考核项六:车辆管理(权重15%)
> (1)目标责任:出车及时率达____%且无安全事故;
> (2)考核标准:出车及时率每低于目标值____%,减____分;每发生1次安全事故,减____分。
> 7. 考核项七:部门内外管理(权重15%)

续表

(1)目标责任:部门内部培训计划完成率达____%,部门外部相关单位满意度评分达____分。

(2)考核标准:部门内部培训计划完成率每低于目标值____%,减____分;部门外部相关单位满意度评分每低于目标值____分,减____分。

第5条 考核结果应用

行政经理目标责任考核结果主要用于绩效工资的发放,具体发放标准如下表所示。

行政经理绩效工资发放标准

考核得分(x)	$85 \leqslant x \leqslant 100$	$75 \leqslant x < 85$	$60 \leqslant x < 75$	$x < 60$
发放标准	____%	____%	____%	____%

第6条 办法说明

本公司在生产经营环境发生重大变化或发生其他情况时,有权修改本制度。

编制日期		审核日期		批准日期	
修改标记		修改处数		修改日期	

6.4.6 物流中心经理目标责任考核办法

下面是物流中心经理目标责任考核办法范例,供读者参考。

第1条 考核目的

为进一步规范物流中心经理目标考核管理,客观评价物流中心经理的工作表现,做到目标明确,奖惩分明,公司特制定本办法。

第2条 目标责任考核内容

1. 业务目标责任考核

业务目标考核占物流中心经理目标责任考核的60%。具体的考核指标包括:货物准时送达率、配送计划完成率、货损率、装卸工时效率、库存调度不力的次数、安全质量事故发生次数、客户投诉率等。

2. 管理目标责任考核

管理目标责任考核占物流中心经理目标责任考核的40%。具体的考核指标包括:公司物流制度建设的完善性、5S现场管理情况、预算控制情况、部门核心员工流失率、下属员工重大违纪次数等。

第3条 目标责任考核管理

1. 考核组织管理

(1)人力资源部负责组织实施物流中心经理目标责任考核工作。

(2)物流中心及其他相关部门应给予积极配合。

2. 考核周期

物流中心经理目标责任考核以年度为周期,于次年1月10日前完成上年度目标责任考核。

续表

3. 考核方法

物流中心经理目标责任考核采取数据分析、资料查询、实地调查等方法,对照考核指标项目进行逐项打分。最终确定考核得分,并上报总经理审核。

第4条 考核责任考核奖惩

1. 考核等级划分

(1) 优秀:考核得分≥90分。

(2) 良好:80分≤考核得分＜90分。

(3) 一般:70分≤考核得分＜80分。

(4) 较差:60分≤考核得分＜70分。

(5) 差:考核得分＜60分。

2. 考核奖惩规定

(1) 物流中心经理目标责任考核结果为"优秀"级次的,发放奖金____元;考核结果为"良好"级次的,发放奖金____元;考核结果为一般及以下级次的,不发放奖金。

(2) 物流中心经理目标责任考核结果为"差"级次的,应提交书面报告,说明情况。无特殊原因的,下年基本工资下调一个档次。

3. 物流中心经理目标责任考核结果连续两年均为"较差"级次以下者,应重新调整其岗位或予以降级。

第5条 附则

(1) 本办法未尽事宜,参照公司考核管理规定执行。

(2) 本办法由公司人力资源部负责解释。

(3) 本办法自____年____月____日起实施。

编制日期		审核日期		批准日期	
修改标记		修改处数		修改日期	

6.4.7 工程项目部经理目标责任考核办法

下面为工程项目部经理目标责任考核办法范例,供读者参考。

第1条 目的

为规范工程项目的管理行为,加强项目过程控制,提高项目管理水平,激发项目部人员的工作积极性,特制定本办法。

第2条 项目考核小组

公司项目考核小组负责对项目整体情况实施考核,成员主要包括:公司总经理、分管施工生产的副总经理、财务部经理、人力资源部经理以及项目管理部经理组成。

第3条 考核管理办法

公司对工程项目实行管理目标责任制的考核管理,工程项目部经理对施工过程中的工期进度、工程质量、安全生产、文明施工、工程成本等负全责。

第 4 条 目标制定

(1)项目启动前,在确定项目的工作计划和项目预算的基础上,项目管理部经理和项目经理共同拟定项目工作目标和考核内容,经公司总经理核准后,项目管理部经理和项目经理共同签字确认。

(2)考核内容包括工程项目人员配置、工程进度、工程质量、安全文明施工、成本控制、项目资料管理6方面。考核标准见附表《工程项目考核表》。

第 5 条 绩效考核

项目结束后的____个工作日内,项目经理向项目考核小组提出考核申请。

第 6 条 绩效反馈与改进

(1)项目考核结束后,项目经理撰写项目总结,报送项目管理部。

(2)项目管理部经理与项目经理进行绩效面谈,就项目实施及管理过程中所取得的成绩与不足之处进行分析。

第 7 条 考核结果管理

1. 考核加减分

考核中,对在降低成本、增加效益、创造信誉等方面超过考核指标或成绩特别突出的,除按工程项目管理单位的有关规定给予奖励外,另采取加分的方式,鼓励先进;对未按期完成工期目标、内部成本控制、项目管理方面出现问题的项目部,考核时酌情予以扣分;对安全、质量出现事故的项目部,除按工程项目管理单位的有关规定给予处罚外,在考核时另予以酌情扣分。

2. 考核结果的运用

项目考核结果主要用于计算项目总奖金,同时也用于项目人员的晋升、培训管理等方面。

附表:工程项目考核表。

附表　工程项目考核表

考核内容	计分说明
人员配置	未按施工组织设计配置到岗,每缺1处,减____分
工程进度	(1)根据施工条件和工期,编制出详细的施工进度计划,____分;无施工计划该项不得分 (2)所实施的工程项目,按照审批的施工进度计划未按时完成施工任务的(客观因素除外),每次减____分
工程质量	1. 工程质量等级评定 所完成的工作量(各分项工程)经质量部门按规定程序一次性检查不合格,每次减____分 2. 质量事故控制 (1)未发生等级质量事故,____分 (2)因工程质量差而受到建设单位通报批评,减____分/次 3. 质量管理体系管理情况 (1)有健全的质量管理体系和完善的质量管理制度,____分 (2)质量体系运行记录真实可靠,无不符合项,____分,有一般不符合项,____分,有严重不符合项,减____分/处

续表

考核内容	计分说明
文明安全施工	(1)有健全的文明施工管理组织和规章制度，____分 (2)定期开展了文明工地检查且有记录，____分 (3)贯彻环境管理标准，运行记录真实可靠，无不符合项，____分，每有1处不符合项减____分，有严重不符合项减____分/处 (4)办公、生活设施齐全，____分；无严重污染和扰民现象，____分；综合治理状况良好，未发生任何治安案件，____分 (5)无安全标志、标志不明显或不全的，每缺一项，减____分，特殊岗位无证上岗，减____分/人次 (6)未发生因工重伤及以上事故，____分；否则按公司相关规定处理 (7)被建设单位、上级机关评定为文明工地，加____分，被省(市)政府评定为文明工地，加____分
成本控制	(1)逐级建立了责任成本核算体系，有完善的责任成本管理制度，____分 (2)项目无亏损、无因管理不当引起的合同纠纷，____分
文档完整性	项目组是否按开发计划在阶段结束点处完整地交付项目阶段成果及相关文档，每缺失1项，减____分

编制日期		审核日期		批准日期	
修改标记		修改处数		修改日期	

6.4.8　软件项目部经理目标责任考核办法

下面为软件项目部经理目标责任考核办法范例，供读者参考。

第1条　岗位目标责任考核制定依据
1. 企业的经营目标
2. 项目合同文件
3. 企业的管理制度
4. 项目管理规划大纲

第2条　目标考核实施总体要求
(1)既要兼顾企业的绩效目标，又要兼顾项目管理的特征。
(2)既要重视项目成功的产品因素，又要重视项目成功的管理因素。

第3条　考核分值设置
目标管理责任考核基准分值为百分制，各项指标分值依据其重要程度定为不同分值，指标总累计分值为100分。最小考核评分单位为0.5分。

第4条　考核内容
1. 项目进度
对比项目计划来考核，考核标准设置如下。

续表

(1)领先于项目计划，____分。
(2)完全符合项目计划，____分。
(3)落后于项目计划，____分。
(4)明显与计划有较大出入，____分。

2. 项目质量

在测试过程中被发现的软件bug，按照不同的严重程度分级评估，并对不同的级别赋予一定的权重，结果统计时，对测试中出现的各种缺陷的数量乘以其对应的加权系数求和即为项目质量评估结果。

项目质量评估

项目质量评估结果	____~____	____~____	____~____	低于____
得分	____分	____分	____分	____分

3. 项目成本

项目成本与预算相比，比预算每超支____%，减____分。

4. 风险控制能力

考核项目经理的风险控制能力，包括发现风险点的能力以及风险防范的能力，评分标准如下。

(1)能主动及时发现风险点，并制订有效的风险防范计划，取得明显效果的，____分。
(2)能发现风险点，并制订风险防范计划，且切实实施的，____分。
(3)未能及时发现风险点，但未造成损失的，____分。
(4)未能及时发现风险点且造成损失的，____分。

5. 项目团队管理能力

(1)项目组成员分工明细，成员之间协作高效、内部满意度评价达到____%，____分。
(2)项目组成员分工合理，成员之间能较好地协作、内部满意度评价达到____%，____分。
(3)项目组成员有分工，成员之间协作性差、内部满意度评价低于____%，____分。

第5条 考核实施主体

对项目经理的考核，由公司项目管理小组完成。

第6条 考核结果管理

(1)考核得分结果分为六级，分别是S级:95分以上;A级:90~95分;B级:80~90分;C级:70~80分;D级:60~70分;E级:60以下;以上分数段中的得分值包括上限不包括下限。
(2)考核等级结果与项目经理奖励年薪的发放比例挂钩，挂钩办法见下表。

奖励年薪发放比例

考核结果	S	A	B	C	D	E
奖励年薪发放比例	105%	100%	85%	70%	60%	0

(3)考核期内，项目组人员如出现重大的违规违纪行为，负责该项目的项目经理岗位责任目标考核结果降低一个级次。

编制日期		审核日期		批准日期	
修改标记		修改处数		修改日期	

6.4.9 销售人员绩效目标考核办法

下面为销售人员绩效目标考核办法范例,供读者参考。

第1章 总则

第1条 目的

为使销售人员明确自己的工作任务和努力方向,提高其工作积极性,规范销售员绩效目标管理,特制定本办法。

第2条 适用范围

本办法适用于销售人员绩效目标的设定和考核。

第3条 考核原则

(1)定量原则。尽量采用可衡量的量化指标进行考核,减少主观评价。

(2)公开原则。考核标准的制定是通过协商和讨论完成的,考核过程和方法是有明确规定的。

(3)公平原则。销售人员的绩效目标考核力求体现付出与收获对等的公平原则。

第2章 销售员岗位绩效目标

第4条 目标考核项目

销售员岗位目标考核项目包括销售合同履约率、销售额、销售毛利、销售费用率、销售增长率、销售记录准确率和销售报表上报及时率。

第5条 考核目标设计

销售员绩效目标根据其考核事项进行设计,具体如下表所示。

市场部经理绩效考核目标设计表

考核项目	权重	目标值	评分标准	得分
销售合同履约率	10%	100%	(1)每低____%,减____分 (2)低于____%,该项不得分	
销售额	20%	____万元	(1)每低____万元,减____分 (2)低于____万元,该项不得分	
销售毛利	20%	____万元	(1)每低____万元,减____分 (2)低于____万元,该项不得分	
销售费用率	15%	____%	(1)每高出____%,减____分 (2)高于____%,该项不得分	
销售增长率	15%	____%	(1)每低____%,减____分 (2)低于____%,该项不得分	
销售记录准确率	10%	____%	每有一处错误,减____分	
销售报表上报及时率	10%	____%	每有一次延时,减____分	

续表

第3章 绩效目标考核办法

第6条 考核周期

(1)月度考核。每月10日前完成对销售员上月绩效目标完成情况的考核,遇节假日顺延。

(2)年度考核。每年1月10日前完成对销售员上年绩效目标完成情况的考核,遇节假日顺延。

第7条 考核程序

(1)由公司销售总部安排相关人员在考核之前,向各销售分公司或销售分部发放《销售人员绩效目标考核表》。

(2)各销售分部或分公司负责人通过查阅资料、访问调查等收集数据,对销售人员进行考核,填写《销售人员绩效目标考核表》。

(3)每月2日前,各销售分公司或销售分部向销售总部提交《销售人员绩效目标考核表》。

(4)每月3日前,销售总部完成考核表的统一汇总,并发给销售人员本人进行确认。

(5)每月5日前,销售总部须完成确认,进行定稿,并将最终定稿提交人力资源部审核。

(6)人力资源部审核通过并提交总经理审批之后,通过公告栏进行公示,并根据相关规定对销售人员实施奖惩。

第8条 考核纪律

在销售人员绩效目标考核实施过程中,对有下列行为之一的,予以通报批评,并根据实际情况处以一定金额的罚款。

(1)虚报、瞒报、伪造、篡改原始资料的。

(2)强令、授意他人提供不真实资料的。

(3)在考核过程中消极应付、敷衍了事的。

(4)拖延时间,致使考核工作无法在规定的时间内完成的。

(5)在打分过程中徇私舞弊的。

第9条 考核结果运用

(1)月度考核结果运用。公司根据销售员岗位月度绩效目标的考核,调整岗位绩效工资。具体实施方式如下表所示。

市场部经理岗位绩效目标考核结果运用表

考核结果	结果评价	绩效工资系数
90分以上	优	0.8~1
70~90分	良	0.7
60~70分	及格	0.5
60分以下	差	0.3

(2)年度考核结果运用。销售人员年度绩效目标考核结果,作为销售人员基本工资调整、职位晋升、培训发展的依据。

① 基本工资调整。人力资源部根据销售人员年度考核结果确定其下年度的基本工资,具体调整方法如下表所示。

续表

考核结果	销售级别调整	基本工资调整
优	建议升两级	基本工资×1.5
良	建议升一级	基本工资×1.2
及格	建议不变	不变
差	建议降级	基本工资×0.8

② 培训发展。连续两年考核为优的销售人员,将获得脱产培训两个月的机会。

③ 职业晋升。连续两年考核为优的销售人员,将结合其资历、能力等晋升到适当的岗位上。

第 4 章　附则

第 10 条　本办法由人力资源部负责解释

编制日期		审核日期		批准日期	
修改标记		修改处数		修改日期	

6.4.10　配送人员绩效目标考核办法

下面为配送人员绩效目标考核办法范例,供读者参考。

第 1 章　总则

第 1 条　目的

为了提高配送人员的工作效率与服务质量,规范公司配送人员的工作标准,增强企业配送竞争力,特制定本考核办法。

第 2 条　适用范围

适用本公司配送部所有人员。以下人员除外:

(1)因病、伤而连续缺勤 30 日以上者。

(2)虽然在考核期任职,但考核实施日已经退职者。

第 3 条　考核原则

绩效目标考核需要遵循以下的考核原则。

(1)实事求是、客观公正原则。

(2)体现多劳多得、奖勤罚懒原则。

(3)遵循差异考核、结果公开原则。

(4)实行分级考核、逐级落实原则。

第 2 章　绩效目标考核准备

第 4 条　确定考核主体

考核主体包括上级部门、主管领导、同级员工、下级员工、专家与被考核人。

第 5 条　确定考核时机

为了保证考核结果的准确性,对考核时机的选择尤为重要。选择考核时机要参考以下三方面的因素。

(1)避免选择组织气氛欠佳和工作繁忙时考核。
(2)考核时间不宜过长,应快速完成考核相关内容。
(3)接近年底时,年终评比、成果鉴定、各项激励应结合在同一时期内进行考核。

第6条 确定考核周期

对配送人员的考核周期采用月度考核与年度考核相结合。
(1)月度考核结果决定配送人员当月绩效评估得分,并作为绩效工资发放标准。
(2)年度考核将配送人员当年各月考核评估得分进行汇总,并按照年考核次数得出年平均考核得分,结合部门主管的意见,最终作为年终奖的发放依据。

第7条 确定考核内容和绩效目标考核表

配送人员考核内容分为配送前考核、配送中考核、配送后考核三部分。各考核内容中的绩效考核目标如下表所示。

绩效目标考核表

序号	内容	权重	考核项目	权重	目标值	考核标准	得分
1	配送前	30%	分拣准确率	30%	100%	每降低__%,扣__分	
2			紧急订单响应率	30%	100%	每降低__%,扣__分	
3			按时发货率	40%	100%	每降低__%,扣__分	
4	配送中	50%	配送延误率	25%	低于__%	每增加__%,扣__分	
5			货物破损率	20%	低于__%	每增加__%,扣__分	
6			货物差错率	20%	低于__%	每增加__%,扣__分	
7			货物丢失率	20%	低于__%	每增加__%,扣__分	
8			签收单返回率	15%	100%	每降低__%,扣__分	
9	配送后	20%	通知及时率	30%	100%	每降低__%,扣__分	
10			投诉处理率	30%	100%	每降低__%,扣__分	
11			客户满意度	40%	100分	每降低__分,扣__分	

第3章 绩效考核实施和反馈

第8条 绩效考核实施

(1)绩效考核沟通。配送部门主管在进入考核周期之前与配送人员进行绩效考核沟通,明确考核目标与考核标准。
(2)绩效考核指导。在考核周期内物流配送部主管要对被考核的配送人员进行绩效指导,以帮助其随时保持正确的工作方法,最终保证绩效考核目标的顺利达成。
(3)自我绩效评价。物流配送部主管在考核周期结束之前向被考核配送人员下发考核表,指导其对照绩效目标进行自我绩效评价。
(4)部门主管考核。被考核配送人员完成自我绩效评价后上交考核表,由物流配送部主管对照绩效目标进行考评,其结果按照得分划分为如下表所示的几个等级。

续表

考核结果等级划分表

标准	杰出	优秀	良好	普通	需改进
绩效评估得分	95分以上	86~95分	76~85分	60~75分	60分以下
绩效评分等级	A	B	C	D	E

第9条 绩效考核反馈

物流配送部主管要与被考核配送人员进行面谈,将考核评分结果告知被考核者,并一同分析考核结果,制定具体的工作绩效改进措施。

第4章 考核结果运用阶段

第10条 月度绩效工资发放

根据当月被考核配送人员的绩效评估得分、等级确定绩效工资发放比例,发放标准如下表所示。

绩效工资发放比例

绩效评分等级	A	B	C	D	E
绩效工资发放比例	150%	120%	100%	70%	40%

第11条 年度年终奖金发放

年度考核将配送人员当年各月考核评估得分进行汇总,并按照年考核次数得出年平均考核得分,按其分数进行年终奖金发放。如下表所示。

年终奖金发放标准

年平均绩效评分	95分以上	86~95分	76~85分	60~75分	60分以下
年终奖金发放金额	发___元	发___元	发___元	发___元	发___元

第12条 员工培训

(1)公司可根据配送人员年度考核情况,考核等级为A级和B级的员工,有资格享受公司安排的提升带薪培训。

(2)考核等级为C级与D级的员工,可以申请相关培训,经部门主管与人力资源部批准后方可参加。

(3)考核等级为E级的员工,必须参加由公司安排的适职培训。

第13条 绩效考核目标调整

绩效考核目标与标准可随市场与公司的实际考核情况进行调整,经配送部直属上级同意方可调整,并将调整结果及时告知人力资源部。

第5章 附则

第14条 本办法由人力资源部制定,其解释权也归其所有。

第15条 本办法由总经理审批通过之后,自颁布之日起执行。

编制日期		审核日期		批准日期	
修改标记		修改处数		修改日期	

6.4.11 工艺工程师绩效目标考核办法

下面为工艺工程师绩效目标考核办法范例,供读者参考。

第1条 考核目的

为最大限度地激发企业工艺工程师的潜能,增强公司的核心竞争力,同时为工艺工程师职位的晋升、薪资调整等方面提供依据,公司特制定本绩效考核方案。

第2条 考核周期与时间安排

1. 考核周期

公司对工艺工程师绩效考核分为月度考核与年度考核。

2. 考核时间

公司对工艺工程师的月度考核时间为每月____~____日,年度考核时间为每年1月____~____日。

第3条 考核指标及评分标准

为保证绩效考核的公平性,公司采用定量与定性相结合的方法对工艺工程师进行考核,具体的考核指标及评分标准如下表所示。

××公司工艺工程师绩效考核表

姓名		所在部门		职位	
考评方式	□月度考评		□年终考评	考评时间	
定量考核					
考核指标	权重	评分标准			得分
方案制定及时率	10%	(1)方案制定及时率达100%时,得满分 (2)每有1次未在规定的时间内完成,减____分			
工艺参数控制符合率	25%	(1)工艺参数控制符合率达____%时,得满分 (2)工艺参数控制符合率每降低____%,减____分 (3)工艺参数控制符合率在____%以下时,该项得分为0			
技术改造项目完成数	25%	(1)技术改造项目完成数达____项时,得满分 (2)技术改造项目完成数每少____项,减____分			
技术服务投诉次数	10%	(1)技术服务投诉次数为0次,得满分 (2)技术服务投诉次数每增加____次,减____分 (3)技术服务投诉次数在____次以上时,该项得分为0			
定性考核					
考核内容	权重	评分标准			得分
制定文件的及时性	10%	确保各种工艺文件的制定符合开发计划的时间节点要求,每延迟一次,减____分			
材料使用正确性	10%	确保新产品设计或试制时符合图纸要求或客户要求,每违反一次,减____分			
文档整理规范性	10%	确保各种文档完整、有效、及时归档,每出现一次遗漏、缺失等现象,减____分			

续表

第 4 条　考核结果应用

1. 考核等级划分

公司按照一定比例将工艺工程师的考核结果划分为五个级别,详情如下所示。

(1)优秀:考核成绩≥90 分。

(2)良好:90 分＞考核成绩≥80 分。

(3)好:80 分＞考核成绩≥70 分。

(4)合格:70 分＞考核成绩≥60 分。

(5)差:考核成绩＜60 分。

2. 考核结果应用

(1)工艺工程师连续三个月考核达到"优秀"时,公司将给予现金奖励____元,在下月工资中发放。

(2)工艺工程师年度绩效考核达到"优秀"时,除进行现金奖励外,还将对其进行晋级培训。

(3)工艺工程师连续两年的年度考核达到"优秀"时,除按照第(1)条、第(2)条的规定给予奖励外,还将给予职位晋升奖励。

(4)对于绩效考核级别为"差"的员工,公司将扣除其奖金。

编制日期		审核日期		批准日期	
修改标记		修改处数		修改日期	

6.4.12　软件开发人员绩效目标考核办法

下面为软件开发人员绩效目标考核办法范例,供读者参考。

第 1 条　目的

为完善软件开发的管理机制,提高软件开发人员的工作积极性和工作绩效,确保软件开发工作顺利进行,特制定本办法。

第 2 条　适用范围

本制度适用公司软件开发人员考核工作。

第 3 条　考核要求

(1)目标要求明确、量化、可行。

(2)对绩效目标的完成情况要求定期评估、考核,并进行绩效面谈与辅导。

(3)绩效考核的结果要求定期公布。

第 4 条　考核时间

(1)员工工作进行的考核为:月度考核、半年考核、年度考核。

(2)月度考核为业绩考核,主要考核员工每月(自然月)工作业绩,于每月的 5 日前结束。

(3)半年考核和年度考核以员工各月度的平均分进行计算。

第 5 条　绩效目标

软件开发工作主要通过开发质量和开发效率来对其进行衡量,人力资源部可通过与软件开发部门负责人协商来确定软件开发绩效目标,具体的绩效目标如下表所示。

续表

绩效目标考核表

序号	考核项目	权重	目标值	评分标准	得分
1	软件开发按时完成率	30%	100%	每低于目标值____%,减____分	
2	每千行程序错误率	30%	低于____个	每高于目标值____个,减____分	
3	程序编码的规范性	15%	规范	每发现一次不符合规范的,扣减____分	
4	文档编写的规范性	15%	规范	每发现一次不符合规范的,扣减____分	
5	编码注释的完整性	10%	完整、清楚	编码注解完整,容易被人理解,得____分 编码注解完整,但部分会造成理解偏差,得____分 编码注解比较完整,但有部分代码没有注解,得____分 编码注释不完整,大量的编码没有注释,让人难以理解,得____分	

第 6 条　考核实施程序

(1) 人力资源部根据工作计划,发出考核通知,说明具体考核进度安排。

(2) 软件开发部分管领导根据下属部门的工作,对下属部门主管进行考核。

(3) 部门主管根据软件开发人员的实际工作结果,对下属软件开发人员进行考核。

(4) 软件开发人员考核结果报公司分管领导进行调整。

(5) 人力资源部对软件开发人员的考核结果进行统计和分析,提出调整意见和建议,提交领导讨论和调整。

(6) 由直接上级将确认的考核结果告知考核对象,听取软件开发人员对考核的意见,进行及时绩效面谈和沟通。

(7) 成绩存档。考核结束后,考核表由软件开发人员、部门主管或经理、人力资源部各留存一份。如考核工作在软件系统上运行,人员考核表在系统中进行存档。人力资源部将考核成绩记入软件开发人员档案中,作为软件开发人员调薪、晋级、奖惩、培训的依据。

第 7 条　考核结果应用

人力资源部对软件开发人员的考核结果分为 5 个等级,并根据考核结果对软件开发人员进行薪酬调整、员工培训、岗位调整和认识变动等提供客观的依据。具体如下表所示。

续表

考核结果等级划分及应用

考核得分	评价等级	考核结果应用
90~100分	A	职位晋升或工资上调10%
80~90分	B	工资上调5%
70~80分	C	工资不变
60~70分	D	工资不变,留职查看
60分以下	E	职位等级降低或辞退

第8条 本办法由人力资源部和软件开发部联合制定,其解释权也归其所有。

第9条 本办法由总经理审批通过之后,自颁布之日起执行。

编制日期		审核日期		批准日期	
修改标记		修改处数		修改日期	

6.4.13 项目施工人员绩效目标考核办法

下面为项目施工人员绩效目标考核办法范例,供读者参考。

第1条 目的

为提高工程项目管理水平,确保实现工程建设的总体质量、进度目标,充分调动项目部各施工人员的积极性,强化规范管理,高效优质施工,加快工程进度,确保完成项目经理部下达的阶段目标任务,特制定本办法。

第2条 适用范围

本办法适用于公司全部工程项目的施工人员的考核。

第3条 考核依据

项目施工人员目标考核的主要依据如下所示。

(1)合同文件。

(2)工程质量检验评定标准。

(3)项目部下达的各阶段施工指导意见,有关工程技术、质量和管理性文件及规定。

(4)项目部下达的各阶段施工计划及任务目标。

第4条 组成考核小组

由项目部组成考核小组进行考核。由项目经理任组长,项目总工、项目副经理任副组长,由各施工队项目部管理员及工程计划部、工程质检部、中心试验室、测量组、安全部、机料部的负责人组成。

第5条 考核内容和考核分值

项目目标考核主要对工程质量、工程管理、工程进度(阶段目标)三个方面进行评定,满分100分。其中工程施工质量40分,工程施工管理20分,工程施工进度40分。以项目部划分的各阶段目标施工阶段为一个考核期,工程施工质量、工程施工管理每月考核一次,以考核期内的平均得分为该项得分。

续表

第6条 绩效考核目标

考核小组根据项目考核内容确定具体的绩效考核目标和评分标准,从而形成绩效目标考核表,绩效目标考核表如下表所示。

绩效目标考核表

序号	考核项目	权重	目标值	评分标准	得分
1	工程施工质量等级	40%	合格	验收时,每出现一项不合格项,减____分	
2	工程施工阶段目标完成率	40%	100%	阶段目标完成100%,得满分 阶段目标完成90%,得____分 阶段目标完成80%,得____分 低于80%时,不得分	
3	管理制度执行情况	20%	100%	每出现一项不按照管理制度执行的情况,减____分	

第7条 考核奖的确定

(1)考核工作按月进行,项目部需根据考核结果适时确定考核等次,兑付考核奖。考核结果分优、良、中、差四个等次,具体等级划分及确定条件如下表所示。

等级划分及确定条件

等级	确定条件
优	工程施工质量评分≥38分,阶段目标完成100%,管理评分≥18分
良	工程施工质量评分≥34分,阶段目标完成90%,管理评分≥15分
中	工程施工质量评分≥30分,阶段目标完成80%,管理评分≥13分
差	工程施工质量评分<30分,阶段目标完成<80%,管理评分<10分

(2)在各阶段目标施工任务完成后,项目部根据考核结果,以各阶段基本绩效工资为基数,乘以奖金系数确定。以正式文件的形式下发给各施工人员。各等级奖金系数如下表所示。

等级奖金系数

等级	优	良	中	差
系数	100%	80%	50%	0

第8条 本办法由人力资源部和项目部联合制定,同时也由其负责解释

第9条 本办法自颁布之日起执行

编制日期		审核日期		批准日期	
修改标记		修改处数		修改日期	

6.4.14 电商客服绩效目标考核办法

下面为电商客服绩效目标考核办法范例,供读者参考。

第1条 目的
(1)客观公正评价客服人员的工作业绩,促使员工不断提高工作绩效和自身能力,提升企业的整体运行效率和经济效益。
(2)为员工的薪酬决策、培训规划、职位晋升、岗位轮换等人力资源管理工作提供决策依据。

第2条 适用范围
本制度适用于电子商务部所有已转正客服人员。

第3条 确定考核人员
由电子商务部门主管会同人力资源部经理、考核专员组成考评小组负责对客服人员进行考核。

第4条 绩效考核表
考评小组根据电子商务部客服人员的工作内容确定绩效考核表,具体的绩效考核表如下表所示。

客服人员绩效考核表

考核项目	权重	目标值	评分标准	得分
及时响应时间	5%	30秒	每延误一次,扣____分	
销售额	30%	____万元	每降低____%,扣____分	
服务差评次数	10%	少于____次	每增加____次,扣____分	
服务规范性	10%	规范	每月出现一次使用违规用语,扣____分	
咨询转换率	15%	达____%	每增加____%,扣____分	
退换货率	20%	低于____%	每增加____%,扣____分	
退款率	10%	低于____%	每增加____%,扣____分	

第5条 考核周期
根据公司绩效制度实施时间,结合岗位性质,对客服人员实施月度考核,其实施时间分别是次月的5～10日。

第6条 考核实施
(1)考评小组依据制定的考核项目和标准,对客服人员的工作业绩进行评估,确定其考核分值。
(2)考评小组应熟悉绩效考核制度及流程,熟练使用相关考核工具,当月考核分值若有异常,应及时与客服人员沟通,既维护客服人员的知情权,同时也让被考核者得到肯定,客观公正地完成考评工作。

第7条 考核结果应用
(1)员工的考核结果,主要应用于职位晋升、培训需求、绩效工资发放、岗位工资调整等方面。

(2)绩效工资分配标准。绩效工资=绩效工资基数×绩效分值,其中绩效工资基数与部门业绩相关,依据个人岗位职能及基本工资制定;绩效分值每月由绩效考核小组评定。绩效工资分配标准如下表所示。

绩效工资分配标准

等级		分配标准
A	优秀	考核工资基数×120%
B	良好	考核工资基数×100%
C	一般	考核工资基数×90%
D	及格	考核工资基数×80%
E	不及格	考核工资基数×60%

第 8 条　本办法由人力资源部和电子商务联合制定,同时也由其负责解释。
第 9 条　本办法自颁布之日起执行。

编制日期		审核日期		批准日期	
修改标记		修改处数		修改日期	

6.4.15　设备维修人员绩效目标考核办法

下面为设备维修人员绩效目标考核办法范例,供读者参考。

第 1 条　目的
为保障生产设备的正常运行,提高设备维修人员的工作积极主动性,特制定本考核办法。
第 2 条　适用范围
适用于生产设备的设备维修人员。
第 3 条　考核组织
(1)人力资源部主要负责考核办法修改、实施,对考核结果的审核、统计与归档。
(2)设备部部长负责考核办法的建立,对设备维修人员的考核。
(3)生产部车间主任负责对设备维修人员工作态度的考核评价。
第 4 条　考核方法
采取月度考核的方式,月度考核采取评分制,根据得分结果与当月的绩效工资挂钩。
第 5 条　考核内容
(1)每台机器设备产品产量完成考核:生产部确定每台机器设备的标准产量,生产员工填写生产日报表,生产统计每台机器设备的每天实际产量,将实际产量与标准产量进行对比,核算每月每台机器设备的平均产量完成率。
(2)设备故障率的考核:在一定时间周期内,设备的故障维修时间反映设备的维修状况和设备维修人员的技术水平。
(3)团队的整体绩效的考核:团队的整体绩效反映整个团队在一定期限内的工作效率,直接关联着生产计划完成、产品品质、设备稳定,团队的整体协同性。在月度内,整个团队成员各项绩效考核的平均值为整体团队绩效考核的依据。

续表

第6条　考核权重

(1)工作业绩主要考核设备维修人员的每台机器设备产品产量完成率,考核权重为30%。

(2)工作技能主要考核设备维修人员维修的设备故障率,考核权重为30%。

(3)团队的整体绩效权重占10%。

第7条　考核内容

(1)产品产量完成率考核:生产部确定每台机器设备的标准产量,生产员工填写生产日报表,统计每台机器设备的每天实际产量,将实际产量与标准产量进行对比,核算每月每台机器设备的平均产量完成率。

(2)设备故障率的考核:在一定时间周期内,设备的故障维修时间反映设备的维修状况和设备维修人员的技术水平。在月度内,单独每台机器设备当月的故障时间作为设备故障率的考核内容。

(3)团队的整体绩效的考核:团队的整体绩效反映整个团队在一定期限内的工作绩效,直接关联着生产计划完成、产品品质、设备稳定、团队的整体协同性。在月度内,整个团队成员各项绩效考核的平均值为整体团队绩效考核的依据。

第8条　绩效考核表

公司制定出的绩效目标考核表,具体如下所示。

设备维修人员绩效考核表

序号	考核项目		权重	目标值	评分标准	得分
1	产品产量完成率		30%	完成100%	每降低____%,扣____分	
2	设备故障率		30%	低于　　%	每增加____%,扣____分	
3	团队整体绩效(40%)	设备维修效率	10%	按时完成	每超过____小时,扣____分	
		设备维修成本	10%	在预算之内	每超过预算____元,扣____分	
		设备维修态度评分	10%	在90分以上	评分每降低____分,扣____分	
		设备日常点检按时完成率	10%	按时完成	每发现一天不按时完成设备日常点检工作,扣____分	

第9条　考核实施及计算公式

(1)每月由生产部为设备维修人员的当月设备维修工作提供考核依据。考核依据来源于车间操作工当时的原始记录。

(2)设备故障率的考核根据当月的生产日报表上的维修记录与设备维修申请单,由生产部统计汇总并提供考核依据。

(3)团队的整体绩效考核=∑各被考核人其他各考核项的得分合计分÷考核人数×100%。

(4)薪资结构:工资=工资标准×60%+当月绩效工资+其他津贴,当月绩效工资=工资标准×40%×(当月个人绩效得分÷100)。

续表

第10条 考核程序

(1)设备部每月月底组织绩效考核组按《设备维修人员绩效考核表》,对设备维修人员的工作绩效进行考核;生产部车间主任对其所管辖维修操作每台机器设备的设备维修人员进行工作态度考核;并于次月3日交至设备部。

(2)次月5日设备部绩效考核组将考核表交至设备部部长进行审核;审核后交设备副总经理审批;之后交人力资源部绩效考核专员。

(3)次月7日人力资源部绩效考核专员对考核表进行审核并汇总考核结果作为发放绩效考核工资的依据。

(4)每月考核资料由人力资源部归类存档。作为下一年度工资晋级、技术等级晋级、岗位调整及员工参加培训的依据。

第11条 本制度由人力资源部与生产部定,经总经理批准后实施。

第12条 本制度自公布之日起实施。

编制日期		审核日期		批准日期	
修改标记		修改处数		修改日期	

6.4.16 项目组人员绩效目标考核办法

下面为项目组人员绩效目标考核办法范例,供读者参考。

第1章 总则

第1条 目的

为了提升公司项目组人员的工作业绩、奖励先进、督促后进、促进团队合作、贯彻公司的发展战略,特结合项目组人员的工作特点,制定本办法。

第2条 适用范围

本办法的考核内容仅限于针对项目实施的项目组人员的考核。

第3条 管理职责

由公司人力资源部会同项目经理以及相关人员对每个项目工作效率和客户满意度进行调查和评定,总经理做最后考核结果的审批。

第4条 考核项目及考核周期

针对项目组人员的工作性质,将参与项目组人员的考核内容确定为工作业绩考核项目,考核周期分为单项目考核和年度绩效考核。

第2章 绩效目标考核准确

第5条 考核内容设计

(1)工作业绩指标。项目组人员的工作业绩指标要根据项目实施工作特点和公司的实际情况主要侧重于项目完成情况、客户满意度等两个方面。项目完成情况指公司安排的项目计划是否按时完成。考核结果分"合格"与"不合格"两种,按时完成即为"合格",没有按时完成或客户不满意要求重新实施部分工作即为"不合格",不计任何原因。

(2)客户满意度。指项目实施过程中客户对项目质量的满意度反馈。考核结果为"合格"与"不合格"两种,客户在项目验收报告中填写满意则为"合格",填写不满意则为"不合格",不计任何原因。

续表

第 6 条　考核表设计

(1)项目考核表。人力资源部可根据工作业绩和客户满意度 2 项考核内容制定项目人员绩效目标考核表对项目组人员进行考核,具体的绩效目标考核表如下表所示。

项目实施绩效目标考核表

序号	考核项目	权重	目标值	评分标准	得分
1	项目完成情况	50%	合格	A(一项为合格,一项为满意)	
2	客户满意度	50%	满意	B(一项为合格,一项为不满意)	
				C(一项为不合格,一项为不满意)	
备注					

(2)年度绩效考核。年度绩效考核根据月度考核中 A、B、C 的获得次数最多的等级为年度考核等级,A 级为优秀,B 级为尚待改进,C 级为不及格。

第 7 条　考核方法设计

(1)公司人事专员负责考核记录工作,其内容如下:按总经理的要求设定各个项目计划,并录入 OA 系统;统计考核结果并编制项目考核表和年度绩效考核表,及时交总经理审批。

(2)公司 OA 系统的项目管理中应该有各个项目计划完成的录入部分,各被考核人完成计划后即登录系统登记完成时间。

(3)对于整个项目实施的客户满意度应由客户经理及相关部门负责人及实施人共同在项目完成后共同至客户处进行拜访调研,共同确定客户满意与否。调研结果填制统一的表格,由总经理审批后交相关部门录入 OA 系统并统计。

第 3 章　绩效目标考核管理

第 8 条　绩效考核

(1)绩效评估。项目实施计划的评估由人事专员在被考核人登记完成后发起,转由总经理牵头与项目经理及客户项目经理共同评估,项目经理签发项目验收评估文件后由客户经理签署意见,最后交总经理审核。

(2)结果审核。项目实施计划的工作由总经理签署(合格与不合格),人事专员将评估审核结果录入 OA 系统公示,公示内容包括该项目的完成情况和客户满意度。

(3)结果反馈。人事专员将项目考核结果放到公司 OA 系统公示,项目经理负责与项目组人员进行沟通,双方共同讨论绩效改进的方式和途径。

第 9 条　绩效申诉

(1)申述受理。被考核人如对考核结果不清楚或持有异议,可以采取书面形式向人力资源部申述,申述书内容包括申诉人姓名、所在部门、申诉事项、申诉理由等。

(2)申诉受理。人力资源部接受员工申诉后,应在 3 个工作日内做出是否受理的答复。对于无客观事实依据,仅凭主观臆断的申诉不予受理。受理的申诉事件,首先由所在部门负责人对员工申诉内容进行调查,然后与员工直接上级进行协调、沟通,不能协调,上报公司协调。

(3)申诉受理答复。人力资源部须在接到申诉申请书的 7 个工作日内答复申诉人。

第 10 条　考核结果应用

(1)项目组人员的绩效奖金可根据项目的利润情况进行发放,其具体的奖金来源和额度如下表所示。

奖金来源和额度

奖金来源	分布权重	金额分配	金额
毛利润	70%	公司发展资金	元
	10%	销售绩效奖金	元
	10%	项目绩效奖金	元
	10%	员工福利奖金	元

(2)奖金的分配,人力资源部可根据项目组人员的绩效考核情况,确定奖金的发放比例和金额,其具体的分配比例如下表所示。

奖金分配比例

考核评分	奖金分配比例	
	项目组人员奖金	剩余奖金
A	总奖金的___%	无
B	总奖金的___%	剩余___%,充入福利奖金
C	无	奖金全部充入福利奖金

(3)在年度末,人力资源部还可根据年度考核结果确定是否进行工资调整、职位晋升或者培训。具体的奖惩办法如下表所示。

年度奖惩办法

考核结果	年度奖惩办法
优秀	下一年度工资上调一级,或职位晋升
尚待改进	工资不变
不及格	下一年度工资下调一级,或进行岗位培训

第4章 附则

第11条 本制度由人力资源部与项目组制定,经总经理批准后实施

第12条 本制度自公布之日起实施

编制日期		审核日期		批准日期	
修改标记		修改处数		修改日期	

6.4.17 生产车间绩效目标考核办法

下面为生产车间绩效目标考核办法范例,供读者参考。

第1章 总则

第1条 目的

为加强生产车间人员管理,强化生产车间人员的责任意识,激励生产车间人员围绕工作目标积极开展工作,依据公司相关考核管理制度,结合生产车间人员工作特点,特制定本方法。

第2条 考核原则

(1) 公开、公正、透明原则。

(2) 科学合理原则。

(3) 简明规范、易操作原则。

第3条 适用范围

生产车间人员的考核管理的各项工作均应参照本制度执行。

第2章 考核组织与实施

第4条 考核周期

生产车间人员量化考核分为定期考核和不定期考核两种方式。其中,定期考核为月度考核,于每月5日前完成。不定期考核由生产管理人员视具体情况而定,但每年不定期考核次数不少于2次。

第5条 考核内容及权重

由人力资源部负责实施,主要考核生产车间人员的工作业绩,车间人员工作业绩的考核量表如下表所示。

车间人员工作业绩考核量表

序号	量化指标	权重	绩效目标值	评估标准	得分
1	成本预算完成率	15%	____%以上		
2	生产计划完成率	20%	____%以上		
3	交期完成率	15%	____%以上		
4	产品合格率	15%	____%以上		
5	物耗标准达成率	10%	____%以上		
6	安全事故发生次数	10%	目标值为0		
7	5S管理推行效果满意度评分	10%	____分以上		
8	生产设备完好率	5%	____%以上		

第6条 考核程序

(1) 定期考核的考核程序如下所示。

① 生产车间人员定期考核于每月1日开始,由人力资源部负责启动。

② 每月2日前,由人力资源部与生产管理人员共同协商确定生产车间人员定期考核指标、权重。

③ 由生产车间人员直接上级、直接下级、同级人员对照生产车间人员日常工作表现,做出考核评价。

④ 人力资源对考核结果进行统计汇总,确定生产车间人员得分,并于每月5日前予以公布。

续表

(2)不定期考核由生产管理人员对生产车间人员的工作内容进行不定期检查,并填写检查结果。检查结果作为生产车间人员定期考核依据的重要来源。

第3章 考核结果管理

第7条 绩效考核等级设置

(1)生产车间人员考核结果分为4个等级,即优秀、一般、合格和不合格,具体的划分标准如下所示。

生产车间人员考核等级划分表

考核得分	85分以上	75~84分	60~74分	60分以下
等级划分	优秀	一般	合格	不合格

(2)考核结果中,优秀的比例不高于10%,一般的比例不低于60%,不合格的比例控制在5%左右,当各等级比例严重超标时,适当调整等级划分的分数以控制等级比例。

第8条 考核结果的应用

(1)考核结果应作为生产车间人员绩效工资发放、岗位晋升、培训人员选拔的重要依据。

(2)连续2年定期考核结果均被确定为优秀等级的,具有优先晋升职务的资格。

(3)考核结果为不合格的生产车间人员要视情节分别予以严肃处理。

① 生产车间人员不定期考核结果为不合格等次的,由其直接上级组织进行绩效面谈,提出绩效改进建议。

② 连续三次不定期考核结果均为不合格等次的,其定期考核结果直接认定为不合格,可以降职、调整工作处分。

③ 连续两次定期考核结果被确定为不合格等次,又不服从公司安排或重新安排后定期考核仍不合格的,予以辞退。

第4章 总则

第9条 本制度由人力资源部负责解释

第10条 本制度经总经理审批通过后自公布之日起实施

6.4.18 生产班组绩效目标考核办法

下面为生产班组绩效目标考核办法范例,供读者参考。

第1章 总则

第1条 目的

为加强公司的生产班组建设,提高生产班组人员工作的积极性和主动性,全面提高生产班组的工作绩效水平,保证公司生产经营目标的实现,依据公司绩效管理制度,结合生产班组人员岗位特点,特制定本办法。

第2条 适用范围

本办法适用于公司生产班组人员的考核,包括班组长、操作工等,但以下几类人员除外。

(1)试用期内,尚未转正的员工。

(2)当月出现重大违纪行为的员工。

第2章 考核内容和程序

第3条 直属主管评估打分

这部分侧重对各项考核指标的综合测评。由生产班组人员的直接上级通过核实第一步记录情况和员工的平时表现,对被评估者进行绩效评价。评估内容包括工作业绩、工作态度、工作能力等方面。

第4条 绩效面谈与反馈

这部分评估属于自我评价和结果应用部分。被考核者直接上级对其进行考核结果的面谈与反馈,分析结果产生的原因,并制订绩效改进计划。

第3章 考核指标体系设计

第5条 设计班组人员考核指标

(1)生产班组主要负责本班组人员、物资、设备、安全等的综合管理,保证生产计划顺利完成。

(2)考核负责人员应当从生产班组人员量化考核指标总表中选取适合各班组的考核指标,根据情况设计考核量表。

第6条 班组长考核设计

(1)班组长是班组的直接管理人物,对其进行考核时,不仅应注重考核其生产任务的完成情况,还应考虑对班组人员的管理情况。

(2)班组长的绩效目标考核表可以参照下表的示例进行设计。

班组长目标绩效考核表示例

考核指标	权重	目标值	评分标准	得分
生产任务按时完成率	15%	____%	每低出____个百分点,减____分	
抽检合格率	15%	____%	每低出____个百分点,减____分	
产品返工次数	10%	不高于____次	每高出____次,减____分	
劳动生产效率	10%	____件/天	每减少____件,减____分	
工时效率达标率	10%	____%	每低出____个百分点,减____分	
生产设备完好率	10%	____%	每低出____个百分点,减____分	
生产安全事故发生次数	10%	0次	每出现1次,减____分 造成重大损失或恶劣影响的,依公司有关规定另行处理	
5S管理推行效果满意度	10%	____分	每低出____分,减____分	
新员工培训计划完成率	5%	____%	每低出____个百分点,减____分	
员工满意度评分	5%	____分	每低出____分,减____分	

第7条 操作工绩效目标考核设计

操作工在进行考核时,不仅应考核其工作业绩,还需考核其工作态度和工作能力,具体可以参照下表设计考核量表。

操作工绩效目标考核表示例

考核指标	权重	目标值	评分标准	得分
工作任务完成率	25%	____%	每低出____个百分点,减____分	
产品交验合格率	25%	____%	每低出____个百分点,减____分	
返工率	15%	____%	每低出____个百分点,减____分	
个人劳动生产效率	15%	____件/小时	每减少____件/小时,减____分	
违反操作规程的次数	10%	0次	每出现1次,减____分	
规章制度遵守情况	10%	无违反	每出现1次,减____分	

第4章 考核组织与实施

第8条 考核的组织管理

(1)人力资源部负责绩效考核工作的具体实施,考核资料的汇总,提出考核方案的改进建议等。

(2)生产车间相关工作人员配合人力资源部完成生产班组人员的量化考核工作。

第9条 考核周期

生产班组人员量化考核实行月度考核、季度考核和年度考核。其中,月度考核在每月底到下月初5号之间完成;季度考核在每季度最后一个月后10日内完成;年度考核在每年最后一个后10日内完成。

第10条 考核申诉

生产班组人员对绩效考核结果存在异议的,可在得知考核结果后5日内,向人力资源部提起申诉,人力资源部在收到申诉后15日内做出处理。

第11条 考核结果运用

(1)月度奖金:根据生产班组人员季度考核得分进行季度奖金分配,具体的发放标准如下所示。

① 绩效考核得分高于90分,发放奖金____元。

② 绩效考核得分为80~89分,发放奖金____元。

③ 绩效考核得分为70~79分,发放奖金____元。

④ 绩效考核得分为60~69分,无奖金。

⑤ 绩效考核得分低于59分,留岗查看。

(2)季、年度奖金:根据公司生产经营状况和生产班组人员季度、年度考核得分情况进行季度、年度奖金发放。

(3)培训:年度考核成绩高于90分的生产班组人员,有资格享受公司安排的岗位晋升培训,并作为岗位晋升的重点考察对象。连续两个季度考核成绩低于59分的生产班组人员,公司

续表

将安排其参加基本的岗位技能培训,培训结束后一个月,绩效考核成绩仍为不合格者,予以辞退。

第 5 章 附则

第 12 条 本制度由人力资源部负责解释。

第 13 条 本制度自公布之日起实施。

6.4.19 车间调度员绩效目标考核办法

下面为车间调度员绩效目标考核办法范例,供读者参考。

第 1 条 考核目的

(1)通过对车间调度员的考核标准,对车间调度员的工作进行考核,进一步激发车间调度员的积极性,提高车间调度专员的工作效率。

(2)通过对生产调度员的工作绩效进行客观、公正的评价,对任职者工资、奖金、职位等进行调整,加强公司的人力资源管理。

第 2 条 考核原则

(1)考核内容和标准在一段时间之内不能有大的变化,至少一年内应保持考核方法的一致性。

(2)考核要客观,考核结果能反映生产调度专员的实际情况,避免因光环效应、偏见等带来误差。

第 3 条 考核频率

对车间调度专员的考核一般采取年度和月度考核两种频率的考核。

(1)月度考核:于下月 5 日至 10 日进行。

(2)年度考核:于下一年度 1 月 10 日至 1 月 20 日进行。

第 4 条 编制月度考核表

对车间调度员的月度考核表如下表所示。

车间调度员月度考核表

编号:　　　　　　　　　　　　　　　　　　　月份: 　年　 月

姓名		部门		生产部		岗位	车间调度员
考核时间	___年___月 1 日～___年___月 30(31)日					考核周期	月度
业绩指标	信息来源	考评人	权重	考核标准			得分
生产交期达成率(A)	月度生产交期记录表	生产调度经理	20%	评价等级	得分区间		
				90%＜A≤100%	91～100 分		
				80%＜A≤90%	81～90 分		
				70%＜A≤80%	71～80 分		
				60%＜A≤70%	61～70 分		
				A≤60%	0～60 分		

续表

姓名				部门	生产部	岗位	车间调度员
考核时间	___年___月1日~___年___月30(31)日					考核周期	月度
业绩指标	信息来源	考评人	权重	考核标准			得分
生产排程达成率(B)	生产排程计划表、生产排程统计表	生产调度主管	20%	评价等级		得分区间	
				90%<B≤100%		91~100分	
				80%<B≤90%		81~90分	
				70%<B≤80%		71~80分	
				60%<B≤70%		61~70分	
				B≤60%		0~60分	
生产调度情况	生产调度记录	生产调度主管	20%	评价等级		得分区间	
				认真及时地组织召开生产调度会议,进行现场调度		91~100分	
				生产调度工作表现较好,偶尔有疏漏,未造成影响		81~90分	
				生产调度工作表现一般,有一定疏漏,造成影响较小		71~80分	
				生产调度工作表现一般,有一定疏漏,造成一定影响		61~70分	
				生产调度工作较差,有一定疏漏,造成较大影响		60分以下	
直接上级满意度	生产调度主管对调度专员生产调度工作完成情况满意度评分	生产调度主管	20%	评价等级		得分区间	
				大大超过计划要求,给公司带来预期外的较大收益		91~100分	
				超出计划要求,超过公司预期目标		81~90分	
				达到计划的基本要求,完成了基本目标		71~80分	

续表

姓名			部门	生产部	岗位	车间调度员
考核时间	___年___月1日～___年___月30(31)日				考核周期	月度
业绩指标	信息来源	考评人	权重	考核标准		得分
直接上级满意度	生产调度主管对调度专员生产调度工作完成情况满意度评分	生产调度主管	20%	评价等级	得分区间	
				未能达到计划的要求,但尚未给公司带来较大损失	61～70分	
				未完成计划,给公司的正常生产带来较大消极影响	60分以下	
工作态度	反映生产调度专员工作积极性及责任心等内容的指标	生产调度主管	10%	评价等级	得分区间	
				工作非常积极,责任心很强	91～100分	
				工作较为积极,责任心较强	81～90分	
				工作较为积极,责任心强	71～80分	
				工作不太积极,责任心一般	61～70分	
				工作消极,缺乏基本的责任心	60分以下	
最终绩效得分						
调度经理评语				人力资源部评语		

第5条 编制年度考核表

对车间调度员的年度考核表如下表所示。

车间调度员年度考核表

编号:___　　　　　　　　　　　　　　　　　　　　月份:___年___月

姓名		部门	生产部	岗位	车间调度员
考核时间	___年1月1日～___年12月31日			考核周期	年度
考核内容	评分依据		评分	权重	加权得分
工作业绩	根据《月度考核汇总表》计算月度考核中工作业绩得分平均值			50%	

续表

姓名		部门	生产部	岗位	车间调度员
考核时间	____年1月1日~ ____年12月31日			考核周期	年度
考核内容	评分依据		评分	权重	加权得分
工作态度	根据《月度考核汇总表》计算月度考核中工作态度得分平均值			30%	
工作能力	根据调度主管对其实际工作能力的评分			20%	
综合得分				100%	
特别加分事项			分数		证明人
1.					
2.					
3.					
调度经理评语			人力资源部评语		

第6条 考核结果应用

考核结果交给生产调度经理进行综合评价,并提出对任职者晋升、降职、调岗、奖惩、表彰等意见,所提意见要符合人力资源部有关员工职位晋升、奖金分配的总体要求。

编制日期		审核日期		批准日期	
修改标记		修改处数		修改日期	

6.4.20 一线生产人员绩效目标考核办法

下面为一线生产人员绩效目标考核办法范例,供读者参考。

第1章 总则

第1条 目的。为全面提高公司生产人员的工作效率与业务素质,贯彻公司发展战略,确保公司生产工作安全有序运行,特制定本办法。

第2条 考核范围。本办法适用于公司所有生产人员。

第3条 考核周期。生产人员考核周期以月计算。每月1日~5日进行考核,遇节假日顺延。

第4条 考核关系。由生产部会同人力资源部组成考评小组对生产人员进行考核。

第2章 考核内容

第5条 生产人员绩效考核内容包括生产与质量控制、劳动纪律与安全、岗位技能及工作态度四个方面。具体绩效考核指标及标准见下表。

续表

公司生产人员绩效考核表

项目	考核指标	评价标准				得分
		优	良	中	差	
生产与质量控制（50%）	计划完成率	100%及以上	95%～100%	90%～95%	90%以下	
	定额完成率	100%及以上	95%～100%	90%～95%	90%以下	
	产品合格率	98%以上	96%～98%	95%～96%	95%以下	
	投入产出率	99.5%以上	99.4%～99.5%	99.3%～99.4%	99.3%以下	
	工艺执行情况	严格执行	勉强执行	偶尔不执行	经常不执行	
劳动纪律与安全（25%）	出勤率	100%	95%～100%	90%～95%	90%以下	
	违反规定次数	无	一次	三次以内	三次以上	
	劳保用品穿戴情况	穿戴齐全	偶尔不齐	偶尔不穿戴	经常不穿戴	
	文明操作	严格执行	勉强执行	偶尔不执行	经常不执行	
	安全生产	严格执行	勉强执行	偶尔不执行	经常不执行	
岗位技能（15%）	操作技能	非常熟练	不太熟练	不熟练	非常不熟练	
	专业知识技能	非常熟练	不太熟练	不熟练	非常不熟练	
工作态度（10%）	责任心	强烈	有	一般	无	
	协作精神	密切	有	一般	无	
	主动性	强烈	有	一般	无	
合计						

第3章 绩效管理与结果运用

第6条 整个员工绩效管理分为绩效沟通、计划实施阶段、考核评估与反馈三个阶段。

第7条 绩效沟通阶段，具体要求如下。

（1）考核者和被考核者对上个考核期目标完成情况和绩效考核情况进行回顾。

（2）考核者和被考核者明确考核期内的工作任务、工作重点、需要完成的目标。

第8条 计划实施阶段，具体要求如下。

（1）被考核者按照本考核期的工作计划开展工作，完成工作目标。

（2）考核者根据工作计划，指导、监督、协调下属员工的工作进程，并记录重要的工作表现。

第9条 考核评估阶段，具体事项如下。

（1）绩效评估。考核者根据被考核者在考核期内的工作表现和考核标准，为被考核者评分。

(2)结果审核。人力资源部和考核者直接上级对考核结果进行审核,并负责处理考核评估过程中所发生的争议。

第10条 结果反馈。人力资源部将审核后的结果反馈给考核者,由考核者和被考核者进行沟通,并讨论绩效改进的方式和途径。

第11条 结果运用的具体要求如下。

(1)每月绩效考核成绩前三名者授予"月度明星员工"称号并发放奖金或奖品,平均绩效最高的小组授予"优秀班组"称号。

(2)每月对绩效考核结果进行归档,连续三次获得"月度明星员工"称号的员工自动获得"年度优秀员工"称号并发放奖金。

(3)连续三次绩效考核排名在最后10%的员工,将对其进行调换工作岗位或培训及其他处理。

第4章 附则

第12条 人力资源部会同生产经理于每季度末对生产人员的绩效标准进行一次调整。

第13条 本办法解释权归公司人力资源部,本办法自____年____月____日起执行。

编制日期		审核日期		批准日期	
修改标记		修改处数		修改日期	

6.4.21 人力资源专员绩效目标考核办法

下面为人力资源专员绩效目标考核办法范例,供读者参考。

第1条 目的
(1)关注员工发展,使员工的努力与组织的目标保持一致,保障公司战略目标的实现。
(2)建立良好的绩效标准,为改善公司整体运营管理提供参考依据。

第2条 考核原则
(1)明确化、公开化原则。考核标准明确,考核结果公开透明。
(2)客观考评原则。避免掺入主观性和感情色彩,保证考核结果的客观性。
(3)以相应的量化目标为依据,把个人自评与综合评定相结合。

第3条 考核责任划分
(1)人力资源主管主要负责人事专员考核,考核结果由人力资源部经理审批。
(2)被考核人员为人事专员。

第4条 绩效目标考核表
人力资源主管根据人事专员工作内容确定具体的绩效考核目标和评分标准,从而形成绩效目标考核表,绩效考核表如下表所示。

绩效目标考核表

序号	考核项目	权重	绩效目标值	评分标准	得分
1	招聘计划完成率	20%	达100%	每低于目标值____%,减____分	

续表

序号	考核项目	权重	绩效目标值	评分标准	得分
2	考核申诉处理及时率	20%	达100%	每低于目标值____%,减____分	
3	工资、奖金计算出错次数	10%	少于____次	每出现一次错误,扣____分;造成严重后果的,该项不得分	
4	员工保险、福利计算出错次数	10%	少于____次	每出现一次错误,扣____分;造成严重后果的,该项不得分	
5	人事档案归档率	20%	达100%	每低于目标值____%,减____分	
6	劳动争议处理及时率	20%	达100%	每低于目标值____%,减____分	

第5条 考核具体实施

(1)考核以月为单位,一个月考评一次,每月初第一周人力资源主管对各人事专员上个月的情况进行量化评分(总分值100分)。

(2)人力资源主管将量化分数分成A级(91～100分)、B级(81～90分)、C级(71～80分)、D级(61～70分)、E级(60分以下)等五个级别并反馈给被评人员。

(3)人事专员如有异议可及时反馈,人力资源主管在收到反馈信息后两日内提出复核意见。

第6条 考核结果应用

(1)每个月考核评分的结果将做为今后嘉奖与晋升的主要依据。

(2)年度考核可以月度考核结果的加总平均之后得到,其考核结果主要用于年终奖金的发放、薪资调整、职位晋升、培训与发展等方面。其具体的应用标准如下表所示。

考核结果应用标准

等级	分值	绩效奖金	结果应用
A	91分以上	600	增发绩效工资(奖金)的20%,可考虑晋升
B	81～90分	550	增发绩效工资的10%,可提供学习的机会
C	71～80分	500	保持原绩效工资不变
D	61～70分	450	扣除绩效工资的10%,加强培训
E	60分以下	400	扣除绩效工资的20%,可考虑换岗或辞退

第7条 本办法由人力资源部经理制定,其解释权归人力资源部经理所有

第8条 本制度经总经理审批通过后,自颁布之日起实施

编制日期		审核日期		批准日期	
修改标记		修改处数		修改日期	

第 7 章

绩效目标改进设计

7.1 绩效目标改进体系

绩效目标改进是绩效考核的后续应用阶段，是连接绩效考核和下一阶段目标制定的关键环节。

7.1.1 绩效目标改进机会选择

绩效目标改进是指对绩效目标进行整体或局部的重新规划和设计。一般来说，绩效目标改进不宜过于频繁，否则会影响绩效考核的严肃性。具体来说，企业可把握好如图7-1所示的时机，做好绩效目标改进工作。

图7-1 绩效目标改进的机会

7.1.2 绩效目标改进计划设计

绩效目标改进计划是指导绩效目标改进工作的计划，通过该计划，考核者与被考核者可明确不同阶段的不同绩效目标项与目标值的变化，以不断提高绩效考核的科学性及激励性。

（1）绩效目标改进计划设计要点

企业在设计绩效目标改进计划时一定要注意以下五大要点。

① 明确目标改进计划的适用部门及岗位。
② 明确原目标及改进后的目标。
③ 简述改进原因，以获得员工及部门的认同及支持。
④ 说明新绩效目标的生成时间，即何时申请审批的。
⑤ 说明新绩效目标的适用时间，如替代原绩效目标从绩效考核开始就适用；或者从新绩效目标生成之日起替代原绩效目标，生成之前还按照原绩效目标

执行。

(2) 绩效目标改进计划示例

表 7-1 是某企业的绩效目标改进计划，供读者参考。

表7-1 绩效目标改进计划

编号：

姓名		部门		职位	
原绩效目标					
序号	绩效目标项目			目标值	
1					
2					
3					
…					
绩效目标改进原因					
绩效目标变更内容					
序号	增/减	绩效目标项目	目标值	改进时机	生成时间	适用时间
绩效目标调整内容						
序号	原序号	绩效目标项目	目标值	改进时机	生成时间	适用时间
员工签字			直接上级签字			
部门经理签字			人力资源经理签字			
备注						

7.1.3 绩效目标改进方法设计

绩效目标改进的方法主要有两种，即绩效目标的变更及绩效目标的调整，具体如下所示。

(1) 绩效目标的变更

绩效目标的变更是对绩效目标进行整体或局部的重新规划，基本上是对原目标的重新制定。一般来说，只有发生如图7-2所示的情况，企业才会变更目标。

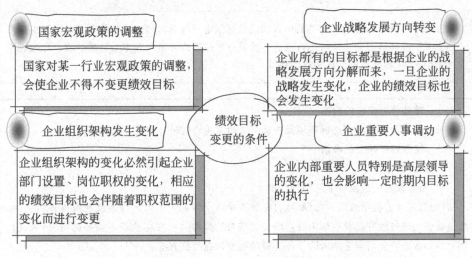

图7-2 绩效目标变更的条件

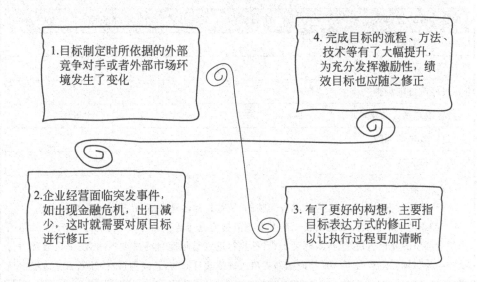

图7-3 绩效目标调整的条件

(2) 绩效目标的调整

绩效目标的调整是指通过调整目标本身，使绩效目标能够适应新的情况。绩效目标制定时经过了严密的程序，在制定时也对未来的预测和不确定性进行了考虑，因此如无特殊情况，一般不予调整。但是如果发生了如图 7-3 所示的情况，绩效目标必然需要调整。

7.1.4 绩效目标改进方案设计

绩效目标改进方案	编号	
绩效目标改进方案设计指南	绩效管理非常关键的一点就是目标制定要科学、合理，同时绩效目标应该根据外部环境的变化及时进行改进。绩效目标改进的方案内容主要包括绩效目标改进申请、绩效目标改进实施及绩效目标改进评估等。	

一、绩效目标改进的时机

绩效目标改进应根据外部环境及内部调整的变化及时进行改进。

二、绩效目标改进的申请

1. 提出申请

(1)目标改进一般由各部门经理提出。

(2)目标改进提出者需填写"绩效目标改进申请书"（如下所示），详细说明改进理由（目标改进给公司带来的好处及目标不改进给公司带来的风险等）、目标改进所需要的资源（人、财、物）、目标改进给公司带来的风险及改进后的绩效目标考核方案。

绩效目标改进申请书

目标改进提出人		所属部门		现任职位	
原目标					
改进后的目标					
目标改进的理由					
目标改进所需资源					
目标改进的风险					
审核人签字					

2. 申请审批

(1)绩效目标改进提出人应将填写完整的"绩效目标改进申请书"报公司总经理审核。

(2)总经理根据实际情况及公司的发展预测确定是否需要改进绩效目标。对于仅仅是因为细微环境的变化、目标执行遇到困难、目标执行进度与年度目标进度不一致、个人或部门行动方向与目标方向暂时不一致等问题而提出改进绩效目标的，总经理可对"绩效目标改进申请书"予以驳回。

续表

3. 申请讨论

(1)"绩效目标改进申请书"应报公司总经理审核通过后,人力资源部方可召开专门会议讨论、商议绩效目标是否需要改进。

(2)绩效目标改进专门会议参会人员除包括总经理、目标改进提出人、人力资源部经理外,若绩效改进影响其他部门,还应邀请其他部门负责人共同探讨,一致通过后,方可确定改进。

(3)经过专门会议讨论,参会人员应对何时进行绩效目标改进、改进内容等予以确定,并据此制定书面的文件。书面文件要有所有与会人员的签字,并以附件形式附在绩效目标改进申请书的后面。

三、绩效目标改进的实施

1. 绩效目标改进公告

根据绩效目标改进专门会议的讨论结果,人力资源部将最终的绩效目标改进意见以公告的形式通知全体员工,并对涉及改进的各部门、各员工的绩效目标做出相应的调整。

2. 绩效目标改进辅导

各级经理、主管应做好绩效目标改进辅导工作,尽最大的努力帮助员工完成绩效目标。具体来说,辅导人员应根据不同的辅导对象,采取不同的辅导方式,具体如下表所示。

绩效目标改进辅导方式表

辅导方式	辅导对象特点	辅导说明
指挥型	能力差、意愿差	增加沟通频率,指出其在能力和意愿上的差距,制订限期改进计划
支持型	能力好、意愿差	沟通频率稳定,多些鼓励,倾听其遇到的障碍、困难并帮助其解决
教练型	能力差、意愿好	沟通频率稳定,指出能力不足,给予比较详细和明确的工作指导,给予能力提升的机会和时间
授权型	能力好、意愿好	沟通频率少,以赞扬和鼓励为主,以明确工作方向为主,同时多听取其建议

3. 绩效目标改进争议处理

(1)绩效目标改进中,难免会出现一些争议或矛盾,尤其是当公司提高绩效目标时,往往基层会有较大的不满。此时,人力资源部、各级主管应担负起矛盾和争议的解决责任,认真为员工讲解绩效目标改进的原因,获得员工的支持和理解。

(2)相关部门应做好绩效目标改进争议处理的记录工作,并从中总结经验,吸取教训。

四、绩效目标改进的评估

1. 绩效目标改进过程评估(略)。

2. 绩效目标改进效果评估(略)。

7.2 绩效目标改进流程

7.2.1 绩效目标目标项改进流程

绩效目标目标项改进流程		编　号	
执行部门	监督部门	受控状态	
绩效目标目标项改进流程设计指南	目标项的改进主要是增加几个新的绩效目标或减少几个原来的绩效目标,这往往需由企业高层或总经理根据大环境的重大变化,带头实施。目标项的改进必须考虑到改进涉及的其他部门的意见,不能只考虑一个部门的意见,否则改进很难得到其他部门的配合与支持。		

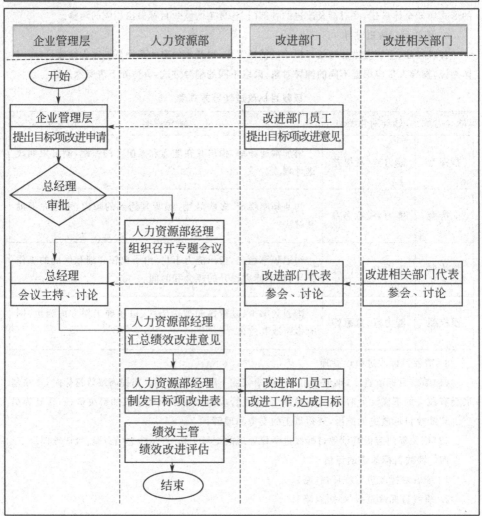

7.2.2 绩效目标目标值改进流程

绩效目标目标值改进流程			编 号	
执行部门		监督部门	受控状态	
绩效目标目标值改进流程设计指南	目标值的改进主要是提高目标值或降低目标值,一般来说,降低比较容易实施,而提升将会遇到较大阻力。常见的绩效目标值改进提出部门有职能部门或者人力资源部,评价目标值改进申请的部门为绩效评价委员会,最后是否通过一般由总经理审批决定。			

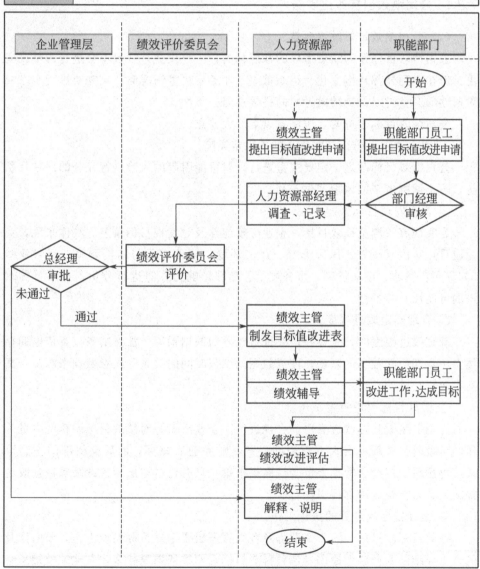

7.3 绩效目标改进实务

绩效考核的结果是作为确定员工薪酬、奖惩、职位异动等人事决策的重要依据之一，但考核的目的不仅仅局限于此，员工能力的不断提高以及绩效的持续改进才是其主要目的，而实现这一目的的途径就离不开绩效改进工作的开展与实施。

7.3.1 公司绩效目标改进实务

（1）公司绩效目标改进要点

公司绩效目标作为绩效考核的参照标的，一旦设立，一般不会进行调整或变更，但在遇到外部环境变化、组织重组、业务变更等情况时，则需要进行实时或阶段性的调整，以保持绩效考核的科学性与公平性。

公司绩效目标改进时，应注意以下五大要点。

① 慎重改进，防止调整带来的不稳定风险。

公司绩效目标改进一定要慎重进行，对可能引起的风险进行充分的评估及预防，防止调整带来的风险产生不利。

② 及时发现目标偏差。

为实现有效调整绩效目标，企业必须能够及时发现目标偏差。具体来说，企业应重点对国家政策、国际形势、经济环境、业务变化与结构调整、经营业绩（如利润、回款、市场份额、服务质量、品牌影响力）等进行分析，判断目标改进的可能性及必要性。

③ 合理确定改进幅度。

确定改进幅度时，企业一定要进行充分的数据预算，注意财务核算依据的存档，注意部门间数据的联动，注意数据调整与时间的关系，注意数据来源是否真实有效等。

④ 做好目标改进审批工作。

为确保绩效目标改进有序、合规进行，企业需做好对绩效目标调整的审批工作。审批时，一般可由人力资源部提案，财务随后核算，而后交由部门主管审核，再然后上报经营管理委员会或高层审批。只有经过层层审批的绩效目标改进提案，方可在企业内部得以执行。

⑤ 做好目标改进后的执行工作。

绩效目标改进后，人力资源部及各级管理层要做好目标面谈工作，要向涉及的员工详细阐明调整的原因，调整哪些目标，调整依据是什么，其他绩效结果有没有变化,以及目标调整后,对员工个人绩效及收益有哪些影响。

执行时,要有文件备案,文件要下发到每一位涉及员工手中,并做好考核工作。

在绩效目标进行改进后,也可能出现偏差,这时企业需要根据实际情况对偏差信息进行再次核对,并确定修正幅度。此时需要注意的是,需要修正的有可能是绩效目标,也可能是目标考核的办法或评价依据。但无论调整什么,都需要进行模拟测算、申报审批,确保符合绩效管理预期。

(2) 公司绩效目标改进案例

以下是某企业实施绩效目标改进的案例,供参考。

案例名称	××公司绩效目标改进案例	应用工具	
一、年度原绩效目标 2013年初,××公司本年度的市场预期是增强材料市场不会大增,但价格还会比较坚挺;电子布产品市场略有上涨,价格也会有所增长。同时在考虑公司近几年的主要产品是增强材料,占总销售额的60%左右,电子布产品占总销售额的40%左右的基础上,确定了公司年度绩效目标,具体如下。 (1)对于增强材料,坚持以产定销原则,产量以去年产量为基数,在此基础上增加10%,价格不变。 (2)对于电子布产品,坚持以销定产原则,产量增加20%,价格上涨20%。 二、1~3月的新形势 年初制定公司绩效目标时,增强材料市场价格一直较高,而电子布产品的市场价格一直比较稳定。进入1月份以来,连续三个月,电子布产品市场价格持续攀升,由最低的每米不足7元一路上涨到每米15元左右,市场供不应求。 同电子布产品畅销一样,作为电子布、增强材料的主要原材料的玻璃纤维也是供不应求,价格节节上扬,供应商供应不足。 1月份,由于公司有一定的原材料库存,增强材料和电子布基本完成了产销任务。 从2月份开始,生产受原材料制约的因素逐渐显现。由于增强材料和电子布产品需要同样的原材料,而电子布产品目前利润较高,公司决定首先保证电子布产品的生产需要,大幅度减少了增强材料的生产。到3月底,电子布产品一季度生产800万米,产量比预计目标提高了30%,由于销售价格上涨超过预期,销售收入超额完成。而增强材料一季度只生产7000吨,比原目标减少2000吨,销售目标只达成了80%。 在第一个季度,公司产品市场发生了很多变化,如何进行绩效考核则是摆在人力资源部门面前的一大难题。增强材料生产部门认为公司年初给定的目标,如果按照计划来生产,是可以完成的,可是公司为了满足电子布的生产,减少了增强材料的生产,库存又不多,因此有好几笔大单子都没有谈成,造成产量和销售目标没有达成。 鉴于公司的业务结构发生了重大变化,公司决定就年初制定的绩效目标做相应调整,以确保绩效考核的科学性、合理性和公平性。			

三、年度新绩效目标

就年度绩效目标如何调整事宜，第一季度的绩效考核如何实施等问题，人力资源部在总经理的授权下组织了本次绩效目标分析会。绩效目标分析会的参会人员有：公司总经理、销售副总经理、生产副总经理、人力资源部部长、财务部部长、生产部部长、技术质量部部长、采购部部长、销售一部部长、销售二部部长、增强材料车间主任、电子布车间主任。

会议讨论结果为，本公司本阶段重视电子布生产，但增强材料的生产亦不会放弃。根据增强材料和电子布产品平衡生产的原则，重新修改增强材料和电子布的年度生产和销售计划。同时根据新的年度计划，对第一季度的绩效计划进行适当调整，保证各部门相对公平。

具体调整后的年度年度绩效目标如下。

(1) 对于增强材料，坚持以产定销原则，产量以去年产量为基数，在此基础上下降20%，价格不变。

(2) 对于电子布产品，坚持以销定产原则，产量增加100%，价格上涨100%。

7.3.2 部门绩效目标改进实务

(1) 部门绩效目标改进要点

部门绩效目标进行改进时，应注意以下五点，具体如图7-4所示。

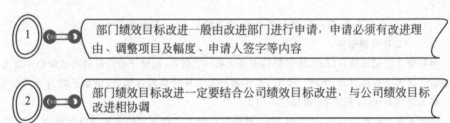

1. 部门绩效目标改进一般由改进部门进行申请，申请必须有改进理由、调整项目及幅度、申请人签字等内容

2. 部门绩效目标改进一定要结合公司绩效目标改进，与公司绩效目标改进相协调

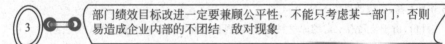

3. 部门绩效目标改进一定要兼顾公平性，不能只考虑某一部门，否则易造成企业内部的不团结、敌对现象

4. 部门绩效目标改进一定要以正式文件的形式向部门所有人公开

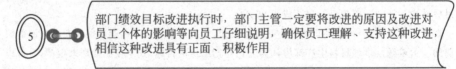

5. 部门绩效目标改进执行时，部门主管一定要将改进的原因及改进对员工个体的影响等向员工仔细说明，确保员工理解、支持这种改进，相信这种改进具有正面、积极作用

图7-4　部门绩效目标改进5大要点

(2) 部门绩效目标改进案例

以下是某企业实施部门绩效目标改进的案例，供参考。

| 案例名称 | ××公司部门绩效目标改进案例 | 应用工具 | |

鉴于目前市场出现较大变动,公司业务结构有一些重大调整,各部门对年初制定的绩效目标有部分调整,调整内容如下所示。

一、销售部

销售部的年度绩效目标变更情况如下表所示。

销售部的年度绩效目标变更表

部门		销售部	修改时间	
序号	绩效指标	原绩效目标	新绩效目标	变更原因
1	A产品销售量	10000千米	20000千米	利润好,加大生产
2	B产品销售量	30000吨	20000吨	产品供应不足
3	A产品市场占有率	20%	30%	产量增加
4	A产品利润率	15%	30%	销售价格大涨
5	B产品利润率	20%	15%	销售量减少
说明	此变更表是对年度目标责任书的变更或其后的年度绩效目标变更表的再次变更。再次变更表将同目标责任书一同构成年度绩效考核的依据			
销售部经理签字: 年 月 日			公司总经理签字: 年 月 日	

二、生产一车间

生产一车间的年度绩效目标变更情况如下表所示。

销售部的年度绩效目标变更表

部门		生产一车间	修改时间	
序号	绩效指标	原绩效目标	新绩效目标	变更原因
1	A产品产量	10000千米	20000千米	利润高
说明	此变更表是对年度目标责任书的变更或其后的年度绩效目标变更表的再次变更。再次变更表将同目标责任书一同构成年度绩效考核的依据			
生产一车间车间主任签字: 年 月 日			公司总经理签字: 年 月 日	

三、生产二车间

生产二车间的年度绩效目标变更情况如下表所示。

销售部的年度绩效目标变更表

部门		生产二车间	修改时间	
序号	绩效指标	原绩效目标	新绩效目标	变更原因
1	B产品产量	30000吨	20000吨	利润相对低,原材料不足
说明	此变更表是对年度目标责任书的变更或其后的年度绩效目标变更表的再次变更。再次变更表将同目标责任书一同构成年度绩效考核的依据			

生产二车间车间主任签字:
　　年　月　日

公司总经理签字:
　　年　月　日

四、采购部

采购部的年度绩效目标变更情况如下表所示。

采购部的年度绩效目标变更表

部门		采购部	修改时间	
序号	绩效指标	原绩效目标	新绩效目标	变更原因
1	原材料M采购量	40000吨	50000吨	需求增加
2	原材料M采购价格	4000元/吨	5000元/吨	市场供给价格上涨
3	原材料N采购量	20000吨	10000吨	需求减少
说明	此变更表是对年度目标责任书的变更或其后的年度绩效目标变更表的再次变更。再次变更表将同目标责任书一同构成年度绩效考核的依据			

采购部经理签字:
　　年　月　日

公司总经理签字:
　　年　月　日

7.3.3 员工绩效目标改进实务

（1）员工绩效目标改进模板

员工在绩效改进过程不仅需要一些激励条件的支持，还需要一些具有职能工作传感效应的人员配合。因此，对于企业各部门员工的绩效目标改进必须以个人工作绩效目标为改进"要环"，同时借以其他人员配合的一环作为执行与改进工作的"双环"绩效改进策略。

图 7-5 为运用"双环绩效改进图"进行员工绩效目标改进的模板。

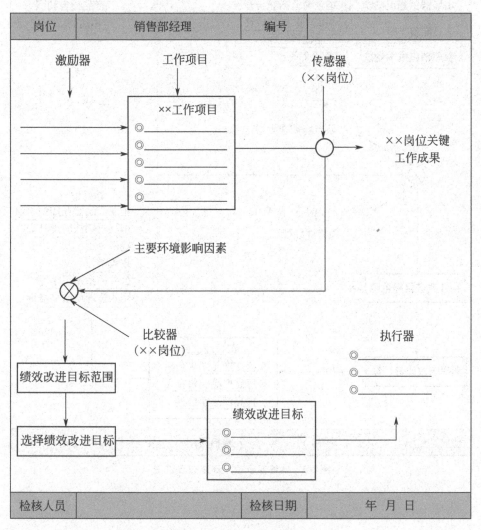

图7-5 双环绩效改进图

（2）员工绩效目标改进模板应用案例

下面以销售部经理为例,对"双环绩效改进图"在员工绩效目标改进方面的运用进行说明。见图 7-6。

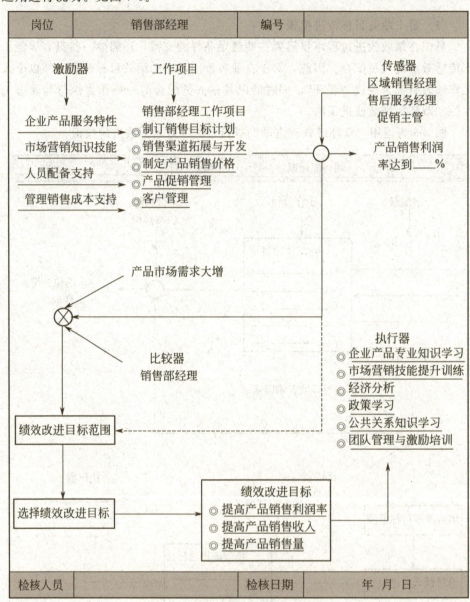

图7-6 销售部经理双环绩效改进图

绩效考核结果面谈设计

8.1 绩效考核结果面谈设计

绩效结果面谈是在绩效考核之后将结果反馈给被考评者的过程。通过绩效反馈沟通能够使下属了解主管对自己的期望，了解自己的绩效，认识自己有待改进的方面。

8.1.1 绩效结果面谈准备设计

绩效结果面谈是在绩效考核结束后，考核者与被考核者就绩效计划的执行情况及工作业绩表现进行全面回顾、总结和评估，并将绩效考核的结果、存在的问题与不足反馈给被考核者，而后双方共同制订绩效改进计划的过程。

绩效结果面谈是面谈者和被考核者共同完成的工作，只有双方都做好了充分的准备，才可能取得良好的效果。具体绩效结果面谈的准备工作如下所示。

（1）面谈者应做的准备工作

面谈者一般是员工的主管领导，也有可能是人力资源部的主管、经理等。为了有效达成绩效考核结果面谈的目的，面谈者应在面谈前做好以下准备，具体如下。

① 选择适宜的面谈时间。

面谈者在选择面谈时间时，应掌握以下三个关键点，如图 8-1 所示。

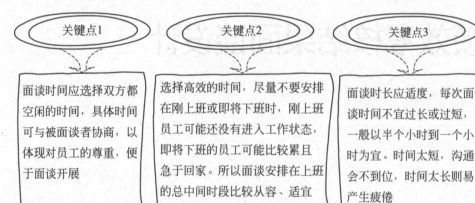

图8-1 面谈时间选择的关键点

② 选择适宜的面谈场所。

面谈地点应尽量选择封闭、舒适、安静、不宜受干扰的场所。座次安排尽量不要面对面，以免给被考核者造成较大的心理压力。具体来说，面谈者可以选择如图 8-2 所示的座次安排，从而给员工一种平等、轻松的感觉。

图8-2 面谈适宜的座次安排图

③ 准备好面谈材料。

面谈者应准备好被面谈者绩效考核表、日常工作表现记录、本考核周期的绩效计划、岗位说明书等面谈所需材料，并对其进行认真分析，以便使面谈有的放矢。具体需准备的面谈材料如表8-1所示。

表8-1 面谈材料一览表

面谈材料	材料说明
被面谈者绩效考核表	被面谈者的绩效考核中明确记载了被面谈者的绩效考核情况及绩效结果等级，只有了解被面谈者的绩效考核表，才能有针对性地进行绩效结果面谈
日常工作表现记录	被面谈者的工作记录及绩效考核结果的评估依据之一。面谈者只有充分了解员工的工作情况，才能找到导致某一绩效考核结果的原因
本考核周期的绩效计划	绩效计划是绩效面谈的依据之一，面谈者在面谈中所罗列的事项须来自于绩效计划
岗位说明书	岗位说明书明确写明了岗位职责及工作目标，因此也是绩效考核的重要依据。面谈者在面谈前要认真了解被面谈者的岗位说明书，做到面谈时有理有据

④ 排好程序和进度。

面谈前，面谈者应明确考核结果面谈所要谈论的内容，各部门先后顺序以及各部分大致所需花费的时间。为做好此项工作，面谈者应在面谈前拟定一份面谈提纲，面谈提纲的具体格式如图8-3所示。

（2）被考核者应做的准备工作

在绩效结果面谈前，除面谈者应做好准备外，被考核者个人也应做好必要的准备工作。被考核者应做的具体准备工作如图8-4所示。

8.1.2 绩效结果面谈技巧设计

绩效结果面谈是一个双向沟通的过程。为达到面谈效果，在沟通过程中，面谈者要掌握倾听的技巧、表达的技巧、反馈的技巧、鼓励被考核者多讲话的技

```
绩效结果面谈提纲格式

◎ 向被面谈者说明面谈的目的和程序
◎ 被面谈者简要汇报上一考核周期的工作
◎ 双方就绩效考核结果进行沟通、分析
◎ 双方商讨被面谈者绩效中尚需改进的地方,制订下一阶段的行动计划等
◎ 结束前,回顾所有问题并记录,感谢被面谈者参与。

                                    人力资源部
                                ____年__月__日
```

图8-3　面谈提纲的具体内容

整理面谈中所需资料	被考核者应充分收集能证明自己考核绩效的资料和证据,同时填好自我评估表,并确保内容客观、准确清晰
准备好提出的问题	绩效结果面谈是一个双向沟通的过程,因此,被考核者可提前准备一些需要提出的问题,待沟通过程中向面谈者提出
做好个人发展计划	被考核者主要草拟两份计划:一是根据本周期绩效考核状况,拟定绩效改进计划;二是根据本周期绩效考核状况、公司发展计划等拟定下一考核周期的绩效计划
安排好个人工作	绩效结果面谈需要一定的时间,因此,被考核者应事先做好工作安排,避免重要、紧急的工作受到影响

图8-4　被考核者应做的准备工作

巧、疑难问题处理的技巧及面谈结束的技巧等。具体如下所示。

(1) 倾听的技巧

面谈者与被考核者进行绩效结果面谈时,有效倾听起着至关重要的作用。要做到有效倾听,面谈者需要掌握一些特殊方法,如图8-5所示。

(2) 表达的技巧

在绩效面谈中,面谈者除了要善于倾听外,还应善于运用各种表达的技巧,常见的表达技巧如图8-6所示。

(3) 反馈的技巧

绩效面谈中的反馈,一般包括正面反馈和负面反馈,具体技巧如表8-2所示。

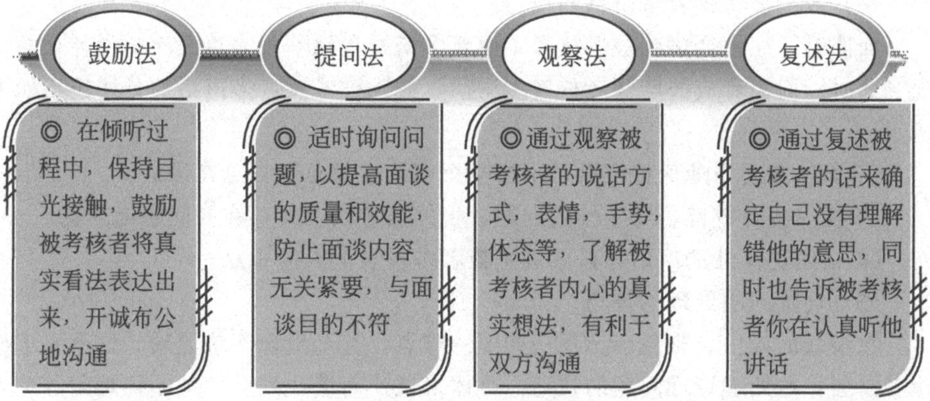

倾听技巧

- **鼓励法**：◎ 在倾听过程中，保持目光接触，鼓励被考核者将真实看法表达出来，开诚布公地沟通
- **提问法**：◎ 适时询问问题，以提高面谈的质量和效能，防止面谈内容无关紧要，与面谈目的不符
- **观察法**：◎ 通过观察被考核者的说话方式、表情、手势、体态等，了解被考核者内心的真实想法，有利于双方沟通
- **复述法**：◎ 通过复述被考核者的话来确定自己没有理解错他的意思，同时也告诉被考核者你在认真听他讲话

图8-5 倾听技巧示意图

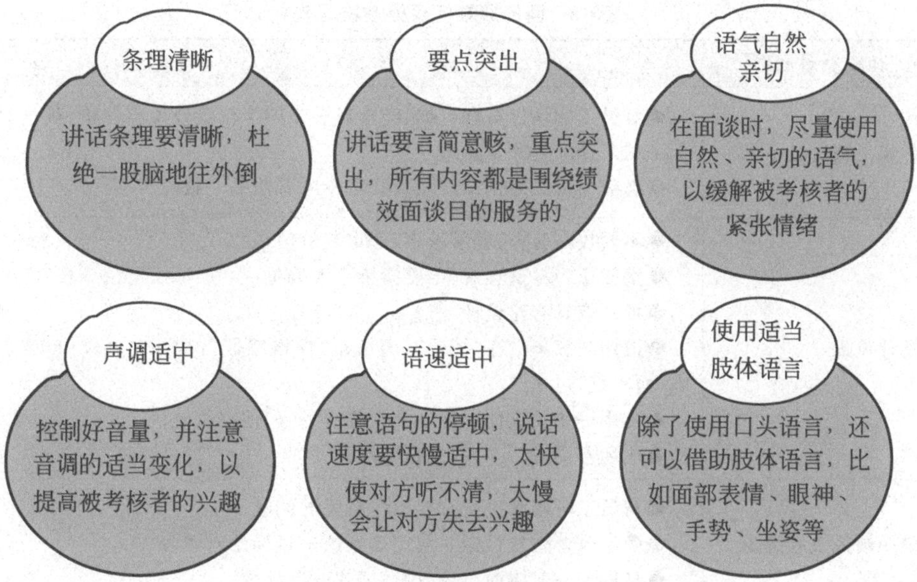

常见的表达技巧

- **条理清晰**：讲话条理要清晰，杜绝一股脑地往外倒
- **要点突出**：讲话要言简意赅，重点突出，所有内容都是围绕绩效面谈目的服务的
- **语气自然亲切**：在面谈时，尽量使用自然、亲切的语气，以缓解被考核者的紧张情绪
- **声调适中**：控制好音量，并注意音调的适当变化，以提高被考核者的兴趣
- **语速适中**：注意语句的停顿，说话速度要快慢适中，太快使对方听不清，太慢会让对方失去兴趣
- **使用适当肢体语言**：除了使用口头语言，还可以借助肢体语言，比如面部表情、眼神、手势、坐姿等

图8-6 常见的表达的技巧

表8-2 反馈的技巧

反馈的方式	反馈的技巧
正面反馈	◆让员工知道他的表现得到了认可 ◆强化某种正确、良好的行为，增强这种行为重复的可能性 ◆反馈要真诚、具体
负面反馈	◆具体地描述员工的行为，对事不对人 ◆客观、准确地描述这种行为所带来的后果 ◆倾听员工的想法，从员工的角度看问题 ◆探讨下一步的做法，提出建议及采用这种建议的好处

(4) 鼓励被考核者多讲话的技巧

面谈时，往往会碰到被考核者不愿意多谈或者因不善表达而不知说什么的情况，此时，面谈者应鼓励被考核者多讲话。鼓励被考核者多讲话的具体技巧如下所示。

① 面谈人适当地保持沉默，不要整个面谈过程总是自己在讲话。
② 提一些开放性、命令性的问题，根据被考核者所存在的问题提问题。
③ 运用选择性的问话，鼓励被考核者多发表个人的观点。

(5) 疑难问题处理的技巧

在绩效面谈中，难免会出现一些面谈难点，甚至出现面谈僵局。这就要求面谈者掌握一些处理疑难问题的技巧。具体来说，面谈过程中常见的疑难问题及处理技巧如表 8-3 所示。

表8-3 面谈疑难问题处理技巧表

面谈疑难问题	处理技巧
彰显考核的公平性	◆对员工的评价有理有据，经常对员工的工作绩效做出评价，确信对员工的工作绩效非常熟悉 ◆确信与员工对其工作职责和目标的看法是一致的
批评员工	◆不要攻击对方，就事论事，尊重其价值观 ◆批评应当尽量客观，不要掺杂个人偏见 ◆批评应具有建设性 ◆批评内容集中在"绩效"，而不是"性格特征"；批评内容集中在"未来"而不是"过去" ◆可用一些关键性事件向员工说明，并向他提供建议 ◆永远不要说一个人"总是"错的
统一绩效改善意见	◆与员工一起解决所有与工作有关的问题 ◆确定改善绩效目标并制定达到这一目标的时间表 ◆与员工一起协商讨论，执行绩效改善计划

(6) 面谈结束的技巧

在面谈结束前，面谈者应对此次面谈做个总结。面谈应选在双方比较愉悦、情绪比较高昂的时机结束，因为此时已经达到了面谈目标，再谈下去反而画蛇添足。

具体来说，面谈者应掌握以下三个面谈结束的技巧，如图 8-7 所示。

示例一 不成功的面谈

主管："小刘，我一直想找时间与你谈谈你的工作，可能有些话是你不喜欢听到的，但我还是不得不说。"

小刘："您是我的领导，但说无妨，请讲。"

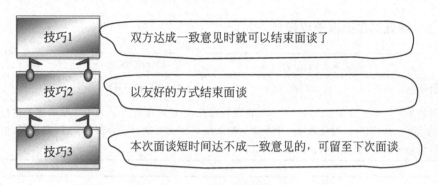

图8-7 面谈结束的技巧

主管："今年你负责的B产品的生产线，业绩很差，这是怎么回事？"

小刘："出现这样的情况，主要是因为：第一，生产设备陈旧；第二，部分员工技术不太熟练；第三，是检验标准发生了一些变化。"

主管："你是这个部门的主要负责人，出现问题你都应该想办法解决，这样，你给我拟出一个能解决目前问题的方案来，我希望尽快看到成效！"

示例二　成功的绩效面谈实例

主管："小刘，首先对你这一年度的辛勤工作表示感谢！现根据公司绩效考核制度和本次绩效考核的安排，在充分了解和掌握你的工作成果的基础上，对你在考核期的工作绩效予以评估，通过本次面谈将完成两个目标：一是与你沟通评估结果；二是寻求下一步绩效改进的计划和步骤，下面我们就请你先简要地总结一下这一年的工作情况吧。"

小刘："好的，在过去的一年里，我们生产部总体上完成了工作任务，且无论是在产品质量还是生产产量上，乃至生产成本的控制上，都比去年有了很大的提高，但其中有一条生产线，是B产品的生产状况不佳。"

主管："据我初步的了解，B产品同你们车间生产的A产品，在技术上差别好像很小，而这两种产品的生产情况却存在着较大的差别。"

小刘："是的，之所以是这样的结果，我分析了一下，大概有以下三个方面的原因：一是车间的生产设备由于已经使用了一定的年限，其功能相对其他车间的设备较为落后，且还经常出现故障；二是部分员工操作技术不熟练，60％的员工都是刚进入到公司不久；三是部分检验标准也发生了变化。"

主管："哦，那你将这些问题一一列出来，还有什么补充的也可以写进来，其中的哪些问题是需要我解决的，我会尽快将其解决。另外，你对本次绩效考核有什么疑义吗？"

小刘："我个人认为，这次对我的考核结果，我还是比较满意的，……"

主管："那我们共同来探讨你下一年的工作计划和打算，如何？"

8.1.3 绩效结果面谈流程设计

绩效结果面谈流程			编　号	
执行部门		监督部门	受控状态	
绩效结果面谈流程设计指南	绩效结果面谈是一个双向沟通的过程，在设计其流程时，可首先从阶段上进行划分，而后再细化到每一个步骤。绩效结果面谈大致可分为四个阶段，即暖场、引入正题、正式面谈和面谈结束。			

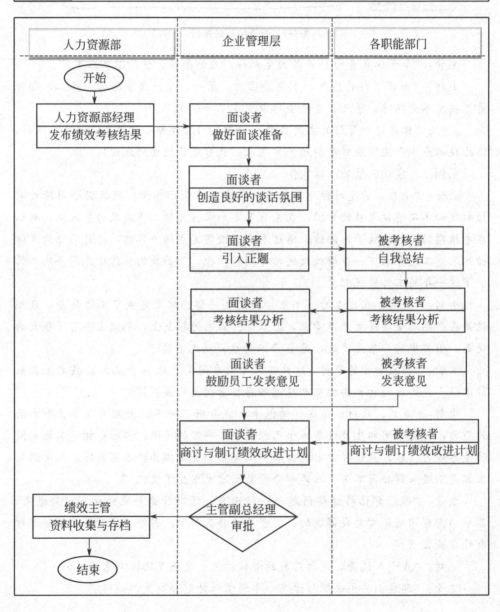

8.2 绩效结果面谈方案设计

8.2.1 公司年度绩效面谈方案

公司年度绩效面谈方案		编　号	
公司年度绩效面谈方案设计指南	公司年度绩效面谈是根据公司的年度绩效目标及员工整个年度的绩效考核结果来进行的。因此公司年度绩效面谈方案应站在公司的角度、长远的角度来进行设计。具体来说，公司年度绩效面谈方案应对面谈的分工、时间安排、准备工作、实施步骤、注意事项、申诉处理、相关表单等进行规范。		

一、目的
为达成以下目的，根据公司绩效管理制度，特制定本方案。
(1)让员工与管理者双方最终对评估结果达成一致。
(2)探讨绩效目标未完成的原因并制订绩效改进计划。
(3)询问员工对于职业发展的规划。
(4)管理者向员工传达公司的期望。
(5)形成新一年度的个人绩效计划。
二、适用范围
本方案适用于参与年度绩效面谈的所有管理者及员工。
三、年度绩效面谈责任人
(1)总责任人：公司副总裁。
(2)分责任人：各部门经理。
四、年度绩效面谈时间
年度绩效面谈时间为年度绩效考核结束后的第3～10个工作日。
五、年度绩效面谈分工
(1)各部门主管与下属员工进行年度绩效考核面谈。
(2)各部门经理负责与下属主管及骨干员工进行年度绩效考核面谈。
(3)公司副总裁负责与各部门经理进行年度绩效考核面谈。
(4)人力资源部在年度绩效面谈过程中给予适当的帮助和指导。
六、年度绩效面谈准备
(一)面谈者应做的准备
1.选择适宜的时间
(1)面谈者提前征询被面谈员工的意见，而后确定面谈时间。
(2)面谈者应该选择双方都有空闲的时间，尽量不安排在上班、下班的时间。
(3)年度面谈时间应视情况比平时面谈时间略长，但以不使面谈者及被面谈员工感觉疲惫为宜。
2.选择适宜的场所
(1)尽量选择不受干扰的场所。

(2)注意双方座次的安排,最好不要面对面。
3. 准备面谈的资料
(1)绩效面谈提纲。
(2)《员工绩效面谈记录表》(附表一)。
(3)被面谈员工上一年度的《年度绩效考核表》和《年度工作总结》、被面谈员工年度《绩效计划表》(附件二)、被面谈员工《岗位说明书》等。
4. 计划好面谈的程序
(1)面谈者计划好什么时候开始面谈以及如何开始面谈。
(2)面谈者计划好面谈的具体实施过程。
(3)面谈者计划好什么时候结束面谈以及如何结束面谈。
(二)员工应做的准备
(1)进行本年度的自我评价,填写《自我评价表》。
(2)准备好能证明自己绩效的相关依据。
(3)准备好个人的发展计划。
(4)准备好对面谈者的提问。
(5)罗列好上一年度工作中遇到的问题和当前工作所需要提供的帮助和支持。

七、年度绩效面谈实施步骤

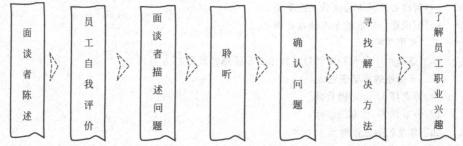

1. 面谈者陈述
面谈者首先应告诉被面谈的员工,此次面谈的目的是大家一起回顾本年度的工作,从而一起发现问题,改进工作,以便制订出共同的行动改进计划,达到更高的绩效。
2. 员工自我评价
(1)被面谈员工汇报上一年度工作情况,面谈者引导员工进行自我评估。
(2)被面谈员工自我评估包括工作成果评估、工作效率评估、工作能力评估、工作积极性评估等。
3. 面谈者描述问题
(1)面谈者根据考核表的打分和员工对上一年度的工作情况的汇报,先肯定员工的工作表现,然后描述员工存在的问题及问题给其所在部门、公司带来的影响。
(2)面谈者告知员工上一年度的考核结果,与员工讨论考核结果与自我评估的差异,指出上一年度工作好的方面和不足之处。
4. 聆听
(1)面谈者认真聆听被面谈员工解释,引导员工发表意见或看法。
(2)面谈者给予积极的回应,并作必要记录(记录内容如问题点、认识上的误区等)。

续表

5. 确认问题
(1)面谈者同意问题存在,理解被面谈员工的陈述,肯定被面谈员工的努力。
(2)面谈者指出关键问题点,并与被面谈员工确认问题点。
6. 寻找解决方法
(1)面谈者告知被面谈员工,自己将帮助他改进工作。
(2)面谈者与被面谈员工按照记录的问题点的顺序进行讨论,寻求解决途径。
(3)面谈者重复被面谈员工的积极意见,告知自己希望的改进标准,讨论并确定改进计划。
7. 了解员工职业兴趣
(1)面谈者询问被面谈员工的职业发展规划与兴趣。
(2)面谈者了解被面谈员工的激励需求,分析其哪方面更需要激励。
(3)面谈者引导被面谈员工的中长期发展目标,使其与公司的发展目标相吻合。
8. 结束
(1)面谈者与被面谈员工共同回顾所有的问题和改进计划并记录。
(2)面谈者重复明确自己要给被面谈员工提供的帮助。
(3)面谈者填写《员工绩效面谈记录表》,经被面谈员工确认后,双方签字。
(4)面谈者表达谢意并鼓励被面谈员工。

八、年度绩效面谈注意事项

(1)面谈内容与年度绩效相关,站在公司及部门的角度,根据本年度整体绩效表现来进行面谈。
(2)面谈应态度诚恳,语言缓和,避免冷场,让对方感受到被尊敬,创造一种平等、轻松、融洽的沟通氛围。
(3)要摒弃偏见,心态平和地认真听取绩效面谈员工上一年度的工作汇报和改进意见,并及时做好记录。
(4)面谈过程中采取"汉堡原理"。即以对被面谈员工的表扬、肯定和赞美开始,中间夹着对被面谈员工的批评,最后用肯定和支持的话结束面谈。
(5)在遇到意见不一致时,要耐心沟通、共同讨论,最终达成统一的意见,切不可与被面谈员工争辩。
(6)对绩效面谈员工工作不足制定改进方案时,可先让员工提出看法和改进方案,然后分析方案的可行性并提出建议。

九、年度绩效面谈技巧

(1)动之以情,晓之以理。
(2)营造融洽的气氛。
(3)洗耳恭听。
(4)沟通方法因人而异。
(5)避免冲突,善于给员工台阶下。
(6)以积极的方式结束面谈。

十、绩效面谈结果申诉

1. 申诉方式
被面谈员工可采用的申诉方式有面谈申诉、信函申诉、电话申诉等。
2. 申诉时间及途径

(1)绩效面谈结束后,被面谈员工对面谈结果有异议的,应在面谈结束后的3个工作日内进行申诉。

(2)员工对面谈结果有异议要申诉的,可在有效期内先向部门负责人申诉,若对部门负责人的处理结果仍不满意,则可到人力资源管理部或工会申请仲裁。

3.申诉处理

(1)申诉受理人接到申诉申请后,必须进行详细调查、了解,按规定确定申诉是否受理。

(2)在调查、了解过程中,相关部门须积极配合,被调查人员须据实汇报情况,并对调查事项保密。

(3)符合申诉受理规定的面谈申诉,部门负责人应在5个工作日内给出意见。员工对部门负责人的处理不满意继续向人力资源管理部或工会申诉的,申诉受理人应在10个工作日之内作出裁决。

(4)申诉员工对人力资源部或工会的申诉裁决结果必须履行。

十一、应用表格

1.附表一:员工绩效面谈记录表

员工绩效面谈记录表

面谈员工姓名		岗位	
部门		考核期	
面谈			
面谈时间	___年__月__日___点~___点		
面谈内容			
①上一阶段工作中,取得了哪些成绩			
②工作中有哪些需要改进的地方			
③是否需要接受一定的培训			
④你认为自己的工作在本部门和公司中处于什么状况			
⑤你对本次考核有什么意见或建议			
⑥你认为本部门员工谁的工作表现比较好			
⑦你下一步的工作计划是什么			
……			
面谈员工签字		填写日期	
面谈负责人签字		填写日期	

续表

2. 附表二:绩效计划表

绩效计划表

受约人:		职位:		上级主管:	
绩效期间:＿＿＿年1月1日至＿＿＿年12月31日					
绩效项目	具体指标	衡量标准	评估来源	所占比重	
受约人签字: 时　　间:＿＿＿年＿＿月＿＿日				上级主管签字: 时　　间:＿＿＿年＿＿月＿＿日	
备注:本绩效计划若在实施过程中发生变更,应填写绩效计划变更表。最终的绩效评估以变更后的为准					

8.2.2　部门月度绩效面谈方案

部门月度绩效面谈方案		编　　号	
部门月度绩效面谈方案设计指南	部门月度绩效面谈方案的设计要点是确定面谈负责人及分工,明确面谈对象,规划好面谈程序,并对面谈注意事项等加以说明,确保部门月度绩效面谈有序、有重点进行,达成面谈目的。		

一、目的

为能给下属员工一个正式的说明和解释绩效表现的机会及场合,促使员工对月度绩效考核成绩的认同,从而促使员工的绩效目标与公司意见达成一致,提高员工对绩效改善工作的信心及决心,特制定本方案。

二、适用范围

本方案适用于所有参加部门月度面谈的人员。

三、部门月度绩效面谈责任人

(1)总责任人:部门经理。

(2)分责任人:部门主管。

四、部门月度绩效面谈时间

部门月度绩效面谈时间为部门月度绩效考核结果公布后的7个工作日内。

五、部门月度绩效面谈对象

月度考核结束后,考核结果与KPI指标存在明显差异的当事人应作为部门月度绩效面谈的主要对象,其他面谈对象可视具体情况而定。

六、部门月度绩效面谈分工
(1)部门经理对部门主管进行面谈。
(2)部门主管对部门助理/班组长进行面谈。
(3)班组长对班组员工进行面谈。
(4)人力资源部负责对部门月度绩效面谈进行帮助、指导。

七、部门月度绩效面谈内容
部门月度绩效面谈应针对面谈对象每一个KPI指标进行深入地沟通,一般应涉及以下六方面的内容。
(1)KPI指标是否恰当。
(2)分工是否恰当。
(3)指标实际完成情况。
(4)如何做得更好。
(5)表扬和鼓励。
(6)下个月工作计划。

八、部门月度绩效面谈步骤
部门月度绩效面谈的步骤如下表所示。

部门月度绩效面谈的步骤

面谈步骤		责任人	面谈实施要点
准备	合理安排时间、场所	面谈人	◆需要预先安排合适的时间、场所,给员工一种平等、轻松的感觉
	准备材料	面谈人	◆面谈材料准备充分,并在面谈前进行熟悉,做到心中有底,在面谈时不致手忙脚乱、尴尬冷场
开场白	创造良好的谈话氛围	面谈人	◆感谢面谈对象对自己工作的支持 ◆建立真诚、信任的气氛,让面谈对象放轻松
引入正题	陈述面谈的目的及程序	面谈人	◆说明面谈的目的、希望达到的效果 ◆说明本次面谈的程序、环节、特殊事项
正式面谈阶段	面谈对象自我总结	面谈人 面谈对象	◆面谈人引导面谈对象回顾工作情况,并对工作表现进行客观、全面的自我评估 ◆评估的内容包含工作成果、工作效率、工作能力、工作积极性等
	考核结果分析	面谈人 面谈对象	◆肯定面谈对象的进步和努力 ◆讨论考核结果与面谈对象自我评估的差异 ◆对面谈对象的不足之处进行分析 ◆对考核结果中片面、不客观的情况,达成一致意见

续表

续表

面谈步骤		责任人	面谈实施要点
正式面谈阶段	鼓励面谈对象发表意见	面谈人 面谈对象	◆多采用开放式的问题 ◆多用肯定或赞美的语气 ◆面谈人认真倾听
	绩效改进	面谈人 面谈对象	◆通过对面谈对象工作的总结,共同分析存在的问题和需要改进之处 ◆商讨和制订绩效改进的计划,并共同确定下个月的工作任务和目标
面谈结束阶段	总结确认	面谈人 面谈对象	◆面谈内容的总结回顾,对成果的确认 ◆公司对面谈对象的期望 ◆填写"绩效考核面谈表"(见附件1),双方签字确认 ◆感谢面谈对象的配合

九、部门月度绩效面谈注意事项

(1)应提前一天通知员工面谈,以给员工留有一定的准备时间。
(2)面谈时应简明、扼要、准确、直接,不能模棱两可、含糊不清。
(3)正式面谈前一定要说明面谈的目的,以最大限度地获得员工的支持。
(4)认真聆听员工的意见与看法。
(5)使用客观化的语句,定性评价与定量评价相结合。
(6)保持平和的心态,对于下属的不认同之处,应让其尽量发表意见,而后再加以解释说明。
(7)本次面谈无法达成一致意见而又对本次面谈的目的无重大影响的,可留至下次面谈再谈,也可更换面谈人员再谈。
(8)面谈结束前一定要让下属提出改进计划,面谈人员要对改进给员工及公司带来的好处加以说明,以增加员工改进的动力。

十、部门月度绩效面谈评价与改进

面谈结束后,面谈人员需对面谈结果加以评价,以作为将来面谈改进的依据。具体面谈评价内容如下图所示。

面谈评价内容图

十一、附件

附件1：绩效面谈记录表

绩效面谈记录表

面谈对象姓名		职位	
部门		面谈日期	
本考核周期绩效考核总结及问题回顾	(1)你对本次考核结果的评价(很好、满意、一般、差)。 (2)请阐述一下个人在工作中的能力素质所长。 (3)你认为不能完成工作目标的原因是什么？ (4)你对绩效考核有什么意见？ (5)你想参加哪方面的培训以提高自己的绩效？		
下个月的工作和绩效改进方向	(1)你希望从公司得到哪些帮助和支持？ (2)你下一步的重点改进方向是什么？ (3)你希望调整哪些 KPI 指标？ (4)你对公司或部门有哪些良好的建议或意见？ (5)针对上一考核周期的绩效不足，你将采取哪些绩效改进措施？请制订绩效改进计划，以作为本月绩效考核依据。(计划另附)		
对该员工的评价			
面谈对象签名		日期	
面谈人签名		日期	

第 9 章

绩效考核结果应用设计

9.1 绩效结果管理体系

绩效考核的完成并不代表着绩效管理工作的结束，其后续的工作环节还有对绩效考核结果的管理与运用，这项工作完成的好坏，对绩效管理的成败起着关键的作用。

9.1.1 绩效结果统计分析

企业需对绩效考核结果进行统计分析，从而为量化考核工作改进、员工绩效提升、改善管理水平等提供依据。

（1）绩效结果统计

考核结束后，一般由企业人力资源部负责完成考核结果的汇总统计工作。表 9-1 为考核结果汇总统计表的示例，供参考。

表9-1 考核结果汇总统计表

序号	部门	姓名	人员编号	职位	自评得分	直接上级评分	审核人评分	考核得分	考核等级	备注
1										
2										
3										
4										
…										

为确保考核结果的汇总统计数据真实、准确，企业相关工作人员在汇总考核结果时应注意以下事项。

① 考核结果一般按照成绩高低进行排列，如有特殊情况，需附带说明。

② 考核结果统计单位应保持一致。

③ 应做好汇总数据的审核工作，避免汇总数据出错。

（2）绩效结果分析

企业对员工的绩效考核是人力资源管理的一种手段，考核的目的并不终止于考核结果。从绩效管理 PDCA 循环（计划、执行、评估与改进）来讲，考核结果的分析是绩效改进的基础。绩效结果分析就是通过对绩效考核文字性或数字性的结果挖掘更深层次的原因，提出有价值的综合性绩效改进意见，从而帮助员工从客观、有针对性角度制订绩效改进计划，达到改进员工绩效的目的。

① 绩效结果分析的方法。绩效结果分析的常见方法有两大类：横向对比分

析和纵向对比分析，具体如图9-1所示。

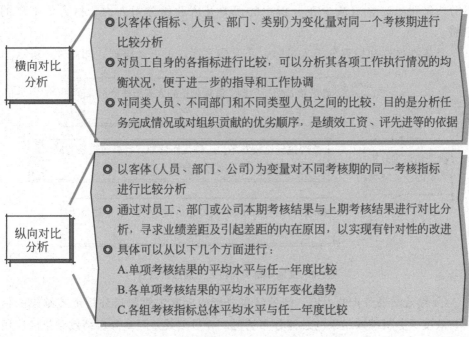

图9-1 绩效结果分析的两大方法

② 绩效结果分析的工作程序。绩效结果分析的工作程序如图9-2所示。

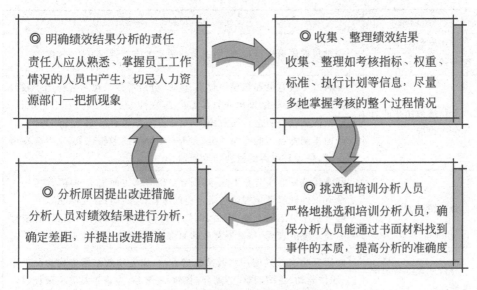

图9-2 绩效结果分析的工作程序

之所以要挑选和培训分析人员，是因为无论是各部门主管、人力资源部门人员，还是分析的专家都在经验及对实际情况的了解方面存在不足。通过对分析人员的选用和培训，可指导分析人员正确地运用分析方法，从而经过对比得出客观的分析结果，防止或减少在分析中的误差及因此给公司人力、物力等带来的浪费。

具体在挑选和培训分析人员时，企业应掌握以下三大原则，如图9-3所示。

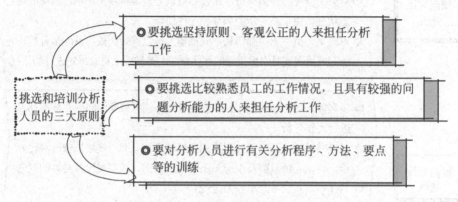

图9-3　挑选和培训分析人员的三大原则

③ 绩效结果分析的内容。绩效结果分析的内容主要包括分析绩效结果的信度与效度、分析绩效结果的总体分布情况、分析绩效差距及分析绩效结果的应用情况，具体如表9-2所示。

表9-2　绩效结果分析的内容

分析内容	内容说明
分析绩效结果的信度与效度	◎对数据质量进行检测，明确考核数据的有效性、信度和效度
分析绩效结果的总体分布情况	◎通过考核意见和结果的收集、整理，分析考核工作是否得到了较好的执行，评估考核结果得分的真实性、客观性 ◎抽样调查是否进行绩效面谈，员工是否知道自己的考核结果 ◎抽样调查员工的反映情况，是否有不公平的考核现象，是否存在考核误区，是否有申诉的机会和途径等
分析绩效差距	◎统计结果如果分布不规律，则要分析是哪方面出了问题，是考核人员没有正确理解考核规则还是企业的考核体系本身存在问题 ◎分别从员工的工龄、职类、部门机构与绩效等级挂钩的程度，来分析绩效差距的表现，并发掘背后的原因，提供帮助及专业建议
分析绩效结果的应用情况	◎研究更有效地使用绩效结果的方法，研究绩效结果如何为员工培训、职位异动、薪酬调整、劳动合同解除等服务，为企业人事决策提供依据，为人力资源发展等战略提供参考

④ 绩效结果分析的限制条件。无论是横向对比分析还是纵向对比分析，为

保证分析结果的客观、公正，分析人员必须考虑以下限制条件，如图 9-4 所示。

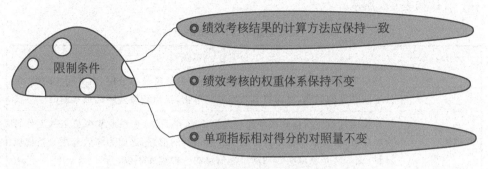

图9-4　考核结果分析的限制条件

如果不具备以上条件，则需要对考核结果进行调整，具体调整方式可以是以本期调整上期，也可以是以上期调整本期，从而使考核结果分析具有可比性。

9.1.2　绩效结果改善分析

绩效结果改善分析是指对引起工作绩效的不足和差距的原因进行分析，从而采取有针对性的改进策略和计划，以期不断提高员工能力和绩效，不断提升企业竞争优势。

（1）分析产生差距的原因

① 产生绩效差距的主要原因。一般来说，产生绩效差距的原因主要包括环境因素、管理因素、知识技能因素和态度因素，具体内容如图 9-5 所示。

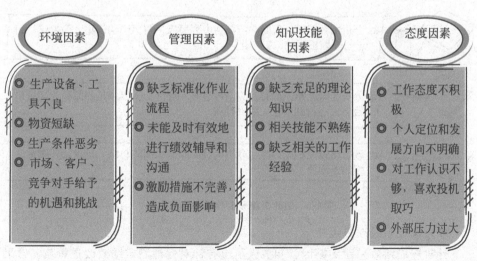

图9-5　绩效差距产生的原因

② 绩效差距原因分析的主要方法。企业在具体进行绩效差距原因分析的过

程中，可以运用的方法主要包括分层分析法、观察法、访谈法和问卷调查法四种。具体如表9-3所示。

表9-3 绩效差距原因分析的主要方法

方法名称	具体内容说明
分层分析法	是指将绩效差距的各种原始数据按一定的标准进行分层，归类同类问题、区分不同性质的问题，进而将复杂问题简单化，找出绩效差距的根本原因
观察法	是指通过对生产操作现场的全角度观察和了解，客观地掌握员工的工作行为和状态，甚至获得员工自身都没有意识到的信息，进而为绩效差距分析提供材料，该方法是获取实践活动可靠信息的一种重要手段
访谈法	是指通过个别访问或小型座谈会的形式与员工进行交流、沟通和讨论，进而共同查找、分析差距原因，了解更深层次的信息，为证实观点提供可靠依据
问卷调查法	问卷调查法是在有关员工中随即取样，获得样本，并向其发出调查问卷，通过对回收问卷的分析进行绩效差距原因分析。调查问卷应采取封闭式和开放式相结合的方式，应包含员工目前的工作信息以及某些情景条件下绩效水平的变化等信息

③ 绩效差距原因的注意事项。在分析绩效差距原因时，分析人员应注意如图9-6所示四点内容。

◎ 分析绩效差距原因过程中，分析人员应充分调动员工积极性和主动性，使其积极参与发言、讨论，找出绩效差距产生的原因

◎ 分析绩效差距原因时，应抓住主要原因，将原因明确化、简单化，切忌将原因模糊化、复杂化

◎ 分析绩效差距原因时，应坚持客观、理性、实事求是的原则，切忌盲目自大、推卸责任、脱离现实

◎ 分析绩效差距原因时，分析人员应做好原因的总结、记录，并确定最终的差距原因

图9-6 绩效差距原因分析的注意事项

（2）制定绩效改进策略

针对造成绩效差距的原因，相关人员应有针对性地制定绩效改进策略。常见的绩效改进策略有预防性策略和制止性策略、正向激励策略和负向激励策略、组织变革策略和人事调整策略，其具体内容如表9-4所示。

表9-4 绩效改进的策略

策略	分类	具体内容说明
预防性策略和制止性策略	预防性策略	预防性策略,是指在作业前明确告诉员工应该如何行动
	制止性策略	制止性策略,是及时跟踪员工的行为,及时发现问题予以纠正
正向激励策略和负向激励策略	正向激励策略	正向激励策略,是通过制定一系列行为标准以及与之配套的人事激励政策如晋级、升职、提拔等,以鼓励员工更加积极主动工作的策略
	负向激励策略	负向激励策略,是采取惩罚手段以防止员工绩效低下的行为。惩罚手段有扣发奖金、降薪、调任、解除劳动合同等。对下属员工所犯的轻微错误,可以采取劝解告诫的方式,如口头责备、暗示等
组织变革策略和人事调整策略	组织变革策略	组织变革策略,指通过组织诊断找出问题,有针对性地进行组织整顿和调整,从而为员工工作绩效的提高提供优化的环境和组织上的保障
	人事调整策略	人事调整策略包括组织调整、岗位人员调整和其他非常措施等 ◎组织调整:员工工作绩效不高,可能是分工与协作方式、工作的布置、劳动条件和环境等因素造成,这时可以对劳动组织进行必要的调整,如变换作业环境或工作方式 ◎岗位人员调整:组织中工作绩效不高,可能是个别人员问题,如个别人员与工作岗位不适应,与部门工作作风或习惯不适应。这时可以调动员工工作岗位,将其安排到其他更适合的岗位上去工作 ◎其他非常措施:如解除劳动合同等

(3) 选择绩效改进的方法

常见的绩效改进方法有行为强化法、标杆超越法、卓越绩效模式法、六西格玛管理法、质量管理体系法、技术更新改造法、培训教育辅导法、组织流程再造法、机器替代人工法、单位时间效益法及团队协作效益法等。具体绩效改进的方法如表9-5所示。

表9-5 绩效改进的方法

方法名称	方法说明
行为强化法	一个行为发生后,紧跟着加一个强化刺激,促使这个行为再次发生,或避免再次发生,通常包括正强化和负强化两种类型。正强化是用奖励的手段促使好的行为再次发生;负强化是用惩罚的手段避免不好的行为再次发生

续表

方法名称	方法说明
标杆超越法	和先进组织的行事方式对比,以其作为标杆和基准,对涉及本企业成功的关键因素进行改革或改进
卓越绩效模式法	源自美国波多里奇奖的评审标准,以顾客为导向,追求卓越绩效管理理念。该法包括领导、战略、顾客和市场、测量分析改进、人力资源、过程管理、经营结果七个方面
六西格玛管理法	六西格玛管理法是在提高顾客满意程度的同时,降低经营成本和周期的过程革新方法,他是通过提高组织核心过程的运行质量,进而提升企业盈利能力的管理模式,也是在新经济环境下,企业获得竞争力和持续发展能力的经营策略
质量管理体系法	为了实现质量管理的方针目标,有效地开展各项质量管理活动,必须建立相应的管理体系。质量管理体系通常包括制定质量方针、目标以及质量策划、质量控制、质量保证和质量改进等活动
技术更新改造法	技术更新改造法是指企业为了提高经济效益和产品质量、促进产品升级换代、降低成本、节约能耗、加强资源综合利用等目的,采用先进的、适用的新技术、新工艺、新设备、新材料等对现有设施、生产工艺条件进行的改造
培训教育辅导法	培训教育辅导是一种有组织的知识、技能、标准、信息、信念等传递及管理训诫过程。为了实现统一的科学技术规范、标准化作业,通过目标规划设定、知识和信息传递、技能熟练演练、作业完成评测、结果交流公告等现代化的流程,让员工达到预期水平
组织流程再造法	流程再造是指一种从根本上考虑和彻底地设计企业的流程,使其在成本、质量、服务和速度等关键指标上取得显著提高的工作设计模式,包括工作流程的改进和管理流程的改进两方面,一般由企业管理层统一决策采用的方法
机器替代人工法	机器替代人工法也就是用机器操作来代替人工操作的方法
单位时间效益法	单位时间效益法是指提高单位时间内的效益,用最短的时间或在预定的时间内,把事情做好
团队协作效益法	团队协作效益法是指以实现企业战略发展为目标,通过资源共享和协同努力,调动团队所有成员的积极性,驱除团队内部所有不和谐和不公正的因素,对表现优秀者嘉奖,对表现差的进行批评,从而使团队协作产生一股强大而持久的力量,促进团队整体绩效的改善,节省企业内部的消耗,使资源利用率达到最大化

(4) 编制绩效改进计划

绩效改进计划是管理人员和员工在充分沟通、讨论、研究后制订的,包括差距内容、差距原因、改进方式、目前水平、期待水平和改进期限等内容的工作计划。表9-6为绩效改进计划的示例，供读者参考。

表9-6 员工绩效改进计划表

姓名			部门		岗位	
考核时间			考核分数		绩效等级	
考核回顾							
杰出的绩效（按重要性排列）	1					
	2					
	3					
表现差的绩效（按重要性排列）	1					
	2					
	3					
需改进的内容							
序号	绩效差距	原因分析	改进方式	目前水平	期待水平	改进期限
1						
2						
3						
员工签字		直接上级签字			部门经理签字	
备注						

9.2 绩效结果应用体系

通过对绩效考核结果的运用，可以鼓励企业内部的正确行为、激励企业员工为达到企业目标而共同努力；同时，对企业内部运作中出现的问题进行指导和纠正，以达到企业的整体进步。

9.2.1 绩效结果与工资薪酬设计

工资薪酬是指员工作为雇佣关系的一方所得到的物质和精神的回报、有形服务与福利等。目前比较流行的工资薪酬设计是职位价值决定薪酬、绩效评价决定薪酬和任职者岗位胜任力决定薪酬三者的有机结合。由此可见，绩效对薪酬的变动有很大的影响。

绩效结果应用与工资薪酬设计主要包括绩效薪酬设计、薪酬调整设计。

(1) 绩效薪酬设计

绩效薪酬设计采用绩效工资制，绩效工资制是一种根据员工工作绩效发放工资的工资制度。它建立在对员工进行有效绩效评估的基础上，关注重点是工作的"产出"，如销售量、产量、质量、利润额及实际工作效果等，以员工实际最终的劳动成果确定员工薪酬。

绩效工资制的特点如图9-7所示。

① 有利于员工工资与可量化的绩效挂钩，从而将激励机制、企业目标和个人业绩相融合

② 有利于使工资向绩效优秀者倾斜，提高企业效率和节省工资成本

③ 使绩效好的员工得到了奖励，有助于吸引和保留绩效好的员工

④ 当经济不景气时，绩效工资少了，公司工资成本较低，不需大量裁员，使员工有安全感；当经济复苏时，公司也有充足的人才储备

图9-7 绩效工资制的特点

① 绩效工资制的类型

常见的绩效工资制的类型有计时工资制、计件工资制、佣金制、利润分享制等，具体如表9-7所示。

表9-7 绩效工资制的类型

绩效工资制的类型	类型说明
计时工资制	按单位时间工资标准(包括地区生活费补贴)和实际工作时间支付给个人的报酬
计件工资制	根据员工完成一定数量的合格产品数量(或工作量)，按照预先规定的计件单价来支付绩效薪酬的薪酬支付形式
佣金制	又称提成工资制，是企业根据员工业绩的一定比例计算员工劳动报酬的一种形式
利润分享制	当企业达到利润目标时对员工予以经济奖励，把公司的一部分利润按照特定方式分配给员工，该类型是一种分红式的形式

② 基于绩效结果的工资薪酬设计思路

工资薪酬的设计主体不同，其设计思路也有所不同，具体基于绩效结果的工资薪酬设计思路如表9-8所示。

表9-8 基于绩效结果的工资薪酬设计思路

设计主体	设计思路
公司领导	公司领导的工资收入实行经营者年薪制,其计算公式如下: 经营者年薪收入=经营者基薪收入+经营者基薪×年度绩效系数+福利
部门经理	◎部门经理每季度第一个月和第二个月的薪酬收入=岗位工资+工龄工资+津贴+补贴+福利 ◎部门经理每季度第三个月的薪酬收入=岗位工资+部门经理标准绩效工资×当季公司绩效系数×当季部门绩效系数+工龄工资+津贴+补贴+福利
普通员工	◎一般员工薪酬收入=岗位工资+绩效工资×个人考核系数+津贴+补贴+福利 ◎销售人员薪酬收入=岗位工资+(完成的销售额-销售基数)×提成比率+津贴+补贴+福利 ◎车间人员薪酬收入=岗位工资+生产产品数量×计件工资的提成比率+津贴+补贴+福利

(2) 薪酬调整设计

适时的薪酬调整,能确保企业薪酬管理适应市场、物价、企业盈利能力、员工业绩与能力等方面的变动,从而提高薪酬对员工的吸引力,使企业员工流失率处于合理水平,保持企业积极向上的工作氛围。

企业可依据绩效考核结果,决定工资薪酬是否调整、如何调整以及调级的幅度等。

① 根据绩效结果进行薪酬调整的形式。根据绩效进行薪酬调整的形式主要有两种,即薪酬水平的调整和薪酬结构的调整,具体如表9-9所示。

表9-9 根据绩效进行薪酬调整的两种形式

薪酬调整的两种形式	具体形式	具体说明
薪酬水平的调整	全体员工薪酬水平的调整	当企业整体业绩水平发生变动时,会对所有部门、所有人员的工资进行调整。这种变动可能是等比例的、等额的,也可能是非等比例的、等额的
	部门员工薪酬水平的调整	根据公司发展战略、公司业绩情况和团队绩效水平,可以调整某一个部门员工或某些部门员工的薪酬水平
	个人薪酬水平的调整	根据公司发展战略、业绩水平和员工绩效评估结果,对绩效考核优秀者给予工资等级晋升,对绩效考核不合格者降低工资等级;对公司做出突出贡献者,给予工资等级晋升奖励
薪酬结构的调整	固定工资与绩效工资的比例调整	在企业刚刚引进绩效考核体系时,往往绩效工资所占的比例较小,随着绩效考核体系的完善和考核工作的专业化,绩效工资所占的比例会逐步增加

② 根据绩效结果进行薪酬调整的周期。薪酬调整的周期应根据外部经济环境、企业实际情况、绩效考核周期等而定，一般可采用年调、半年调等。具体来说，企业确定薪酬调整周期时，应考虑以下两点，如图9-8所示。

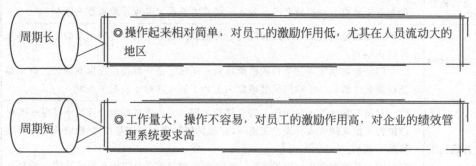

图9-8　薪酬调整周期确定的要点

③ 根据绩效结果进行薪酬调整的示范。以下是某企业根据绩效考核结果进行薪酬调整的示范，供参考。

某公司薪酬调整示范

★ 本公司实行岗变薪变、动态管理。即当员工根据绩效考核结果调整岗位时，无论是从低岗调整到高岗还是由高岗调整到低岗，或专业技术职务、职业资格发生变动，其工资标准也随之调整。

★ 本企业依据自身的生产经营进行整体工资水平的调整。员工个人薪酬的调整依据为每年7月份的半年度考核成绩及次年1月份的年度考核的成绩。具体调整标准如下表所示。

调薪标准表

考核成绩	7月份的半年度				1月份的年度考核			
	A	B	C	D	A	B	C	D
调薪标准	+3%	不变	不变	−3%	+5%	+2%	不变	−5%

9.2.2　绩效结果与培训开发设计

(1) 绩效结果与培训开发设计的关系

① 绩效考核结果为培训开发指明方向。绩效考核的目的是为了了解目前员工工作绩效中存在的优势和不足，进而有针对性地改进和提高绩效。在绩效考核结束后，主管人员往往需要根据被考核者的绩效考核结构，结合被考核者的个人

职业规划，与被考核者共同制订绩效改进计划和未来发展计划。人力资源部根据员工目前需改进的方面，设计培训计划，帮助员工共同实施培训开发。

② 培训开发为提高绩效成绩打下基础。培训开发的目的是扩大员工的知识面，提高其技能或能力。员工在以前绩效考核中存在的不足，通过培训开发后会有良好的弥补和提升，再考核时，员工会有良好的表现，从而提高绩效考核成绩。

(2) 根据绩效结果选择适宜的培训开发方式方法

绩效考核结果为评价个人优缺点和提高工作绩效提供了参考。主管人员及人力资源部可通过分析累计的绩效结果记录，发现员工群体或个体与组织要求的差距，从而及时组织相关的培训教育活动。

员工差距主要体现在能力、态度这两个方面，具体各方面的培训开发方式方法如下所示。

① 能力差距培训开发方式。针对员工能力上的不足，企业可组织有针对性的培训活动，开发员工潜力，提高其工作能力。常见的能力培训开发方式如表9-10所示。

表9-10 常见的能力培训开发方式

培训开发方式	优点	缺点	适用范围
内部培训师的内训	◎对企业业务有专业的了解 ◎可传授实用性的技能 ◎互动性强 ◎成本较低	◎培训师思维受局限 ◎培训师易受授课技巧、内心动力、时间、精力等方面的影响	◎适用于解决企业内部某一模块的业务能力不足问题
外聘老师的内训	◎带来解决问题新思路、新方法 ◎互动性强、训练强度高、技能提升快	◎讲师素质参差不齐 ◎授课费用不确定，无法准确预估成本	◎适用于群体培训（一般十人以上）与各类人员的培训
参加外部公开课	◎可带来企业管理的新思路 ◎可带来解决企业问题的新方法 ◎可学习新技能	◎缺乏针对性 ◎互动性差 ◎时间固定 ◎质量无法保证	◎适用于企业高层管理人员或有晋升需求的中层管理人员的个人单独培训
MBA与大学课程	◎可获得系统的理论知识 ◎可获得相应的学历	◎讲师实战经验不足，与学员互动性差 ◎时间固定且较长 ◎成本高	◎适用于企业高层管理人员的个人培训

续表

培训开发方式	优点	缺点	适用范围
多媒体网络学习	◎随时、随地可以学习 ◎针对性较强	◎课件质量不稳定 ◎培训靠员工自觉性,管理易出现问题 ◎投资较大	◎适用于企业员工的个人培训
阅读书籍的培训	◎随时、随地可以学习 ◎有利于提高员工的综合能力 ◎成本低	◎培训结果受员工素质影响较大 ◎难以解决实际问题 ◎技能提高得较慢	◎适用于解决知识性、理论性的问题,并适合员工个人培训
工作中学习培训	◎切身体会各种知识与环境 ◎快速提高工作技能 ◎成本接近于零	◎缺乏系统性 ◎无人监督,进步缓慢 ◎可能得出错误的经验	◎适用于企业中层及低层各岗位人员的培训
导师制培训方式	◎员工能够切身体会各种知识与技能 ◎有人监督,员工可迅速提高 ◎成本低	◎系统性差 ◎员工技能进步慢 ◎难以选择合适的导师	◎一般适用于新员工(如新进、新晋、调岗等)的培训,也可用于对工作绩效较差的员工的培训

② 态度差距培训开发方式方法。工作态度是与心态挂钩的,认真、忠于职守、细心、有责任心,是对工作所持有的评价与行为倾向。工作态度上的落后分子,企业可组织其参加企业适应性再培训,团队凝聚力培训,再到生产或销售一线部门接受企业文化培训,重塑自我。

9.2.3 绩效结果与人事调整设计

绩效考核结果可以作为人事调整(如晋升晋级、平调、降职)的依据,从而实现淘汰不佳者,留住优秀人才的目的。

(1) 绩效结果与晋升晋级调整

绩效考核结果显示,某位员工的能力绩效非常突出,在现有岗位能力没有完全发挥出来,完全可以胜任更高一级的岗位,此时,可对其进行晋升晋级调整。

员工晋升晋级一般需满足以下条件之一,具体如图9-9所示。

(2) 绩效结果与内部岗位平调

通过对绩效考核结果的分析,发现有些员工由于个人爱好或其他原因不适应现有职位,能力没有充分发挥,此时可对其进行内部岗位平调。

员工内部岗位平调一般需同时满足以下条件,具体如图9-10所示。

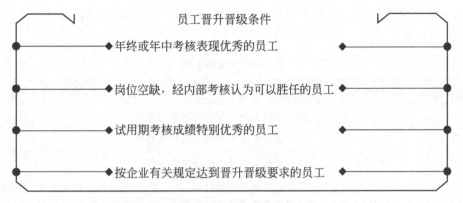

员工晋升晋级条件

- 年终或年中考核表现优秀的员工
- 岗位空缺，经内部考核认为可以胜任的员工
- 试用期考核成绩特别优秀的员工
- 按企业有关规定达到晋升晋级要求的员工

图9-9　员工晋升晋级条件

平调条件

- 出现岗位空缺，而另一岗位人员有盈余
- 平调员工能力与现任岗位不匹配，且员工对该岗位工作没有兴趣
- 平调员工能力与拟调任岗位较匹配，且员工对拟调任岗位工作有兴趣

图9-10　员工内部岗位平调条件

（3）绩效结果与内部降职降级调整

通过对绩效结果的分析，对一些等级较低，逐渐不能胜任现有职位或平级岗位，但可以胜任较低序列职位的员工，可参照个人选择，有组织、有计划对其进行降职降级调整，真正做到人适其事，事得其人。

员工降职降级调整一般需满足以下条件之一，具体如图 9-11 所示。

降职降级调整条件

- 由于组织机构调整，需要精简人员，可从绩效最差的开始精简
- 绩效结果成绩差，显示其不能胜任本职工作，又没达到辞退条件的，且无其他合适岗位平调的基础上，可考虑降职降级处理
- 严重违反企业规章纪律，给企业造成损失的

图9-11　员工降职降级调整条件

9.2.4　绩效结果与奖金福利设计

奖金和福利是报酬系统的主要内容，是企业普遍采用的一种调动员工积极性的激励方法。企业在设计奖金福利时，可将员工的绩效结果与企业的效益进行有机结合，并在此基础上进行激励设计。

（1）绩效结果与奖金设计

① 奖金的类别。根据不同的标准，奖金可分为不同的类别，具体内容如表9-11所示。

表9-11 奖金的类别

划分标准	奖金类别	类别说明
奖励周期	月度奖	每个月根据绩效结果进行奖金发放
	季度奖	每个季度根据绩效结果进行奖金发放
	年度奖	每年根据绩效结果进行奖金发放
一定时期内（一般指一个经济核算年度）发奖次数	经常性奖金	指企业按照预定的时期，对日常生产、工作中超额完成任务或创造优良成绩的员工进行奖励而发放的例行奖金，一般可以是月度奖或季度奖，如超产奖、节约奖等
	一次性奖金	指企业对作出特殊贡献的员工进行奖励而发放的不定期奖金，如先进个人奖；又如为解决某种产品的质量问题、突击完成某一机械设备大修任务或其他紧迫的重要任务等而设立的奖金
奖励范围	个人奖	凡由个人单独操作并可以单独考核劳动定额和其他技术经济指标的，实行个人奖
	集体奖	凡是集体作业，不能单独对个人加以考核的，则以集体为计奖单位，实行集体奖
奖金的来源	由工资基金支付	从工资总额中予以提取、支付
	非工资基金支付	例如节约奖，是从节约的原材料、燃料等的价值中提取一部分支付奖金
奖励条件的考核项目	综合奖	以多项考核指标作为计奖条件的奖金，它的特点是对员工的劳动贡献和生产、工作成绩的各个方面进行全面评价，统一计奖，突出重点。其具体办法是把劳动成果分解成质量、数量、品种、效率消耗等因素，明确每一因素的考核指标以及完成该指标的奖金占奖金总额的百分率或绝对数，只有在全面完成各项指标的基础上付出超额劳动的，才能统一计奖，如百分奖
	单项奖	是以生产、工作中的某一项指标作为计奖条件的奖金，其特点是只对劳动成果中的某一方面进行专项考核，如安全奖、质量奖、超产奖、节约奖、新产品奖、合理化建议及技术改进奖等

奖金的具体形式多种多样，相互补充，互有交叉。企业根据绩效结果设计具有激励作用的奖金体系时，应正确运用奖励形式，做到既科学宜实行，又不呆板、落后。

② 奖金总额的确定。奖金总额是指作为全体员工奖励基金的额度。奖金总额的确定方法主要包括以下五种。

A. 按照企业超额利润的一定百分比来提取奖金总额，其计算公示如下：

本期新增奖金额＝(本期实际利润－上期利润或计划利润)×超额利润奖金系数

B. 按企业年度产量（销售量）的超额程度确定奖金总额，其计算公式如下：

奖金总额＝(年度实际销售量－年度目标销售量)×计奖比例

C. 按成本节约量的一定比例确定奖金总额，其计算公式如下：

奖金总额＝成本节约额×计奖比例

D. 按企业实际经营效果和实际支付的人工成本两因素确定奖金总额，其计算公式如下：

奖金总额＝生产(或销售)总量×标准人工成本费用－实际支付工资总额

E. 依照附加值（净产值）为基准来确定奖金总额，其计算公式如下：

奖金总额＝附加价值×标准劳动分配率－实际支付工资总额

③ 奖金分配方法。奖金总额确定后，在遵循公平公正的原则下，企业应选择一定的方式将奖金分配到每个企业员工手中。企业一般采取计分法和系数法分配奖金，具体如表9-12所示。

表9-12 奖金的两种分配方法

奖金分配方法	方法说明	
计分法	含义	根据规则对员工评定分数，然后根据这个分数计算出每位员工的奖金数额
	适用范围	一般适用于生产工人
	计算公式	个人奖金额＝企业奖金总额×[个人考核得分÷∑(个人考核得分)]
系数法	含义	根据岗位价值大小确定岗位奖励系数，最后将总奖金分配给每个员工
	适用范围	一般适用于管理人员
	计算公式	个人奖金额＝[总奖金额÷∑(考核系数×岗位人数)]×个人岗位系数×个人绩效考核系数

(2) 绩效结果与福利设计

员工福利指企业为满足员工的生活需求，以企业的支付能力为依据，根据国家的相关法律法规等，向员工本人及其家庭提供的除工资、奖金以外的货币、实物及其他服务的劳动报酬。它是薪酬组成的一个重要组成部分，是工资、奖金等现金收入以外的一个重要补充。

① 福利项目的设计。随着社会的进步，人们物质、文化生活水平的提高，员工对福利的需求不仅仅包括一些普惠项目，还包括一些更具有个性与多元化的福利项目。

企业福利项目根据不同的划分标准可划分为不同的类别，具体如表9-13所示。

表9-13 企业福利项目类别

分类标准	福利项目类别	具体内容
根据福利的内容分类	法定福利	政府通过立法要求企业必须提供的福利项目，如社会养老保险、失业保险、医疗保险、工伤保险、生育保险、住房公积金等
	企业自主福利	企业为了吸引人才或留住人才而自行为员工设置的福利项目，如教育培训福利、保险保健福利、住房交通福利、文体娱乐福利及其他等
根据享受的范围分类	全员性福利	全体员工可以享受的福利，如工作餐、节日礼物、健康体检、带薪年假等
	特殊群体福利	指提供特殊群体享用的福利，这些特殊群体往往是对企业做出特殊贡献的技术、管理方面的企业核心人员

② 根据绩效结果设计弹性福利计划。弹性福利计划是指员工依照自己的需求及绩效结果，从公司所提供的福利项目中选择或组合属于自己的一份福利套餐，它是一种由员工执行选择福利项目的福利计划模式。

弹性福利计划具体的制定步骤如图9-12所示。

图9-12 弹性福利计划的制订步骤

以下是某企业弹性福利计划的应用示例,供读者参考。

工具名称	弹性福利计划	编　号	
弹性福利计划应用示例			

一、目的

为了满足了不同层次员工的个性化、多样化需要,大大提高员工的满意度,使公司福利政策有更强的针对性和激励效果,公司特制订了本弹性福利计划。

二、名词解释

弹性福利计划是在本公司年度弹性福利总金额限制的前提下,公司根据员工的职级、服务年限、绩效考核等级等因素计算员工个人的弹性福利总点数,而后员工根据自己的总点数和实际需求,从公司提供的弹性福利菜单中选购自己所需的福利项目和数量,组合出专属自己的福利套餐。

三、弹性福利计划的适用范围

总部及各分公司全体员工、营业员(不包含临时工),均可享有个人弹性福利点值并购买适宜福利项目。

四、年度弹性福利总金额的确定

年度弹性福利总金额由人力资源部根据公司的发展战略、财务状况、已有的福利项目、同行业的福利水平等进行预算,并上报财务部审核、总经理审批通过后,予以最终确定。

五、弹性福利点数的构成

1. 职级点数

(1)营业员:100点。

(2)员工级(含配送中心组长、专柜柜长):200点。

(3)主管级:300点。

(4)经理级:500点。

(5)总监级:1000点。

(6)总经理级:2000点。

2. 年功服务点数

每满1年增加50点,最高1000点。不满1年不计算点数。

3. 年度绩效考核等级点数

(1)A:1000点。

(2)B:800点。

(3)C:500点。

(4)D:200点。

(5)E:0点。

4. 优秀员工点数

上年度获得"优秀员工"称号的员工,在本年度奖励500点。

六、弹性福利点数的计算

1. 计算原则

弹性福利点数均以上年度12月31日为基准来进行核算,在此之后的升职、工作年限增加等因素不考虑在内。

2. 计算方法

个人弹性福利总点数＝（职级点数＋年功服务点数＋年度绩效考核等级点数＋优秀员工点数）×系数

(1) 入职满一年员工的系数为1。
(2) 入职满半年员工的系数为0.5。
(3) 入职不满半年的员工只全额计算职级点数。

七、弹性福利购买菜单的编制

1. 计算福利点数的单价

福利点数的单价等于公司年度弹性福利总金额与全体员工获得的总福利点数之比。

2. 确定购买的福利项目

人力资源部对公司全体员工、营业员进行福利需求调查，在调查的基础上，结合公司实际及外部福利的价格，为员工设计形式多样、符合员工需求的福利项目。

3. 计算福利项目标价点数

人力资源部根据公司实际购买福利项目的支出和福利点数的单价折算成相应的福利点数，作为福利项目的标价点数。

4. 编制福利项目购买菜单

人力资源部根据已确定的福利项目及福利项目标价点数，设计不同形式、不同档次的福利菜单，并标明福利项目的标价点数，以便于员工对应选择。本公司福利项目购买菜单如下表所示。

公司年度弹性福利项目购买菜单

序号	弹性福利项目	A档	B档	C档	方　　式	兑现时间
1	家属商业医疗保险	1330	781	540	公司统一团体购买	每年9月1日
	家属体检	1000	250	200	凭指定医院发票报销	每年4月
2	电影票	80	60	40	公司发放××影城电影票	每年3月
3	洗衣卡	500	200	100	公司发放××洗衣卡	每年3月
4	书城卡	500	200	100	公司发放××购书中心书城卡	每年3月
5	游泳票	30	20	10	公司发放××游泳馆门票	每年6月
6	子女助学金	500	200	100	凭发票报销	每年3月或9月
7	旅游	1000	800	500	凭发票报销	每年3月、9月
8	美容/沐足/按摩/健身	1000	800	500	凭发票报销	每年3月、9月
9	化妆品/服装费	800	500	200	凭发票报销	每年3月、9月

八、弹性福利项目的购买流程

(1) 人力资源部公布公司年度弹性福利菜单。
(2) 人力资源部将员工的个人年度弹性福利总点数通知到个人。

续表

>(3)员工根据个人弹性福利总点数及实际需求情况选择购买弹性福利项目和数量,并将选择结果上报人力资源部。
>(4)人力资源部将员工选择结果汇总后,进行评估,对于需要调整的福利项目和员工协商后进行调整。
>(5)人力资源部将年度固定福利政策、年度弹性福利计划及实施方案、员工年度弹性福利选择汇总表等,呈报公司总经理审批。
>(6)总经理审批通过后,采购部、人力资源部、财务部等置办并落实。
>九、弹性福利点数的使用
>1. 使用方式
>每年 3 月、9 月,员工上报所需购买的福利项目和数量,由人力资源部统一汇总、审批后采购执行。
>2. 使用规则
>(1)员工每次使用点数不得超过本人总点数的 80%。
>(2)员工未用完的福利点数至年底自动失效,福利点数不可转让。
>(3)员工购买福利项目的点数超过了个人总额,可从自己的税前工资中扣除,但扣除的金额不得超过当月基本工资的一半。
>(4)员工非正常离职(包括辞退,主动离职等)时,未使用完的点数不能折现发放,自动失效。
>(5)试用期的员工不享受弹性福利计划,其福利点数自员工转正次月起计算。
>(6)员工由于晋升或调薪而引起的福利点数的变化,自下年度起生效。
>十、附则
>(1)本计划由人力资源部负责制订、修改,并有最终解释权。
>(2)本计划经总经理签字后,自____年__月__日起实行。

9.2.5 绩效结果与职业规划设计

企业可以通过分析绩效结果,及早地发现员工职业生涯规划方面存在的问题,从而有利于其判断自己是否适合现在从事的工作,有利于合理规划职业生涯。一方面,如果员工发现自己不适合现有岗位,可以尽早选择其他的岗位,及早对职业生涯重新规划和选择。另一方面,通过绩效考核如果员工知晓自己适合现有工作时,则应使职业生涯规划更加清晰,提高工作积极性,提升自我能力,改善自己的绩效短板,为完成职业生涯目标而努力。

合理、科学的职业生涯规划能让员工获得组织支持感,有助于保持员工的稳定性和积极性,有助于员工不断地提高专业技能以适应外界环境的变化,同时也满足个人职业发展和自我实现的需要,对其绩效的提高有至关重要的作用。